도서관 산책자

도서관
산책자

두 책벌레 건축가가 함께 걷고 기록한,
책의 집 이야기

강예린·이치훈 지음

반비

추천의 글

좋은 책을 만나는 것은 독자의 기쁨이자 권리다. 도서관처럼 책이 그리 많이 출간되지 않은 주제에서는 더욱 그렇다. 도서관은 계속 늘어나고 있고 이용하는 시민들도 많아지고 있지만, 도서관을 제대로 이해하는 데 도움이 되는 책은 그리 많지 않다. 그런 중에 이 책의 기획 소식을 들었다. 책을 좋아하는 독자이자 직업이 도서관 사서인 나에게는 매우 기쁜 소식이다.

인류는 수천 년의 역사 동안 자신의 일상에 일어난 일을 비롯해 머릿속으로 상상한 것들, 새로 얻은 지식 등을 꼼꼼하게 기록하고 책으로 만들어 서로 공유해왔다. 그리고 그러한 지식 공유 활동의 중심에는 늘 도서관이 있었다. 우리나라에서도 근대 이후 공공도서관 제도를 받아들이고 꾸준히 도서관을 발전시켜왔다. 최근에는 도서관이 지역사회의 중심 의제가 될 정도로 시민들의 삶 속에 녹아들고 있다. 그러나 아직 우리 도서관은 양적 팽창을 넘어 질적 성장을 이루지는 못한 상태이다. 도서관다운 도서관이 아직 드물고, 또 시민들도 도서관을 충분히 이해하고 있지 않은 경우가 많다. 이해의 폭을 넓히자면 도서관의 가치와 역할, 매력을 제대로 알려주는 책이 필요하다. 다행스럽게도 최근 따뜻한 마음과 부지런한 발을 가진, 열정적인 저자들이 쓴 도서관 관련 책들이 속속 출간되고 있다. 이 책 또한 도서관을 뜨겁게 만날 수 있는 책이다.

저자들은 이미 출판사의 인터넷 블로그에 꾸준히 도서관 산책기를 연재한 바 있다. 나는 그 글들을 즐겁게 읽어왔다. 그래서 그 재미있는 이야기들이 아름다운 책으로 만들어진 것이 더욱 기쁘다. 블로그의 글과 책의 글은 비슷한 내용이라도 그 맛은 꽤 다르다. 물도 담은 그릇이 다르면 맛이 다르듯, 같은 글이라도 이렇게 책으로 만들어지니 읽는 맛이 새롭고 달콤하다. 디지털 시대에도 이렇게 종이에 꼼꼼하게 인쇄해서 읽는 것의 매력은 사라지지 않는다. 또 책은 블로그의 글보다 그 내용과 사진이 훨씬 풍부해졌다.

이 책을 통해 도서관을 보는 나의 시야도 더욱 넓어졌다. 저자들이 건축가라서 도서관을 바라보는 시각과 그 표현이 남달랐기 때문이리라. 하지만 저자들이 도서관에 대해 이렇게 매력적인 글을 쓸 수 있었던 것은 자신의 분야에만 매이지 않고 깊은 인문적 소양과 현실에 대한 애정을 바탕으로 발로 뛰며 꼼꼼하게 도서관을 살핀 덕분이기도 하다. 다른 독자들도 도서관에 대한 새로운 시선을 만나고, 자신의 생각과 섞어보는 과정을 통해 좀 더 객관적으로 도서관을 이해할 수 있으리라 기대한다.

나는 이 책의 원고가 연재되는 동안 저자들을 몇 번 만날 기회가 있었다. 그때마다 겸손하면서도 의욕 넘치는 두 젊은 건축가에게서 세상에 대한 관심과 애정, 그리고 주변 사람들과 함께 살아가려는 마음을 발견할 수 있었다. 이 책에는 이들의 열정과 따뜻한 마음이 이 책에 잘 녹아 있다. 저자들의 이야기는 앞으로 내 도서관 활동의 지침이 될 것이라 믿는다.

이 책은 우리나라의 도서관에 관한 책이다. 다른 나라의 멋진 도서관들을 유람하고 쓴 것이 아니라 이 땅에서 우리 이웃이 매일 드나드는 도서관을 직접 찾아가, 사람들을 만나 이야기를 나누고, 그 안에서 다른 이들이 잘 보지 못한 것, 도서관 사서들도 쉽게 알 수 없었던 이야기들을 풀어내고 있다. 저자들이 찾은 도서관이 우리나라 도서관 가운데 '가장 잘 운영되는 곳'이라고는 할 수 없다. 개인적으로는 저자들이 해당 도서관을 선택한 이유를 납득하기 어려운 곳도 있다. 그런 다른 관점과 선택까지도 새로운 도서관 이야기를 풀어내는 시작이 될 수 있을 것이다. 한 가지 중요한 것은 저자들이 도서관 관계자들이 아니라, 도서관을 필요로 하고 찾아가는 시민의 관점에서 바라보았다는 점이다. 도서관 사람들은 저자들의 관점과 시각을 열린 마음으로 받아들여야 할 것이다. 나도 저자들을 만나 계속 이야기를 나누고 그들의 생각을 들어야겠다.

도서관은 시민들이 일상적으로 이용하는 공공 시설이다. 사람들은 도서관에 갈 일이 생겼을 때, 보통 큰 고민 없이 집에서 가장 가까운 도서관을 간다. 그런 도서관을 한번쯤 관람과 관찰의 대상으로 삼아보면 어떨까? 도서관이 어떻게 만들어져 있고 책들은 어떻게 도서관에 들어와서 이용자들을 만나고 있는지 알아보는 것도 좋겠다. 사실 좀 더 적극적이고 실질적인 이용을 위해서는 도서관 사용법에 좀 더 관심을 기울일 필요가 있다. 그런 필요를 느낄 때, 이 책은 꽤 도움이 되리라 생각한다. 저자들이 발견한 여러 도서관의 운영 방식과 활용 방식을 읽어낸 뒤, 내가 다니는 도서관과 찬찬히 비교해보는 것도 재미있겠다. 이 책이 단순히 유명하다고 하는 도서관만 유람한 것이 아니기에 독자들은 도서관이라는 세상을 좀 더 흥미롭게 항해할 수 있다.

이 책을 읽는 동안, 자연스럽게 몇 가지 질문이 머릿속에 떠올랐다. 모두 적지 않은 시간 동안 답을 찾고자 애썼으나 찾기가 쉽지 않았던 질문들이다. 어떤 도서관이 좋은 도서관일까? 우리 각자는 어떤 도서관을 바라고 있을까? 마을에 도서관은 왜 필요한 것일까? 도서관은 정말 유용한 사회 장치일까? 어떤 이유가 있었기에 도서관은 지금까지 꾸준히 발전해왔을까? 요즘같이 빠른 속도로 변하고 또 디지털화하는 세상에서 도서관은 정말 필요하기는 한 것일까? 질문은 끝없이 이어진다. 하나의 질문을 매듭 짓지도 못했는데 계속 다른 질문이 튀어나와서, 답도 찾지 못한 채 다음 질문으로 넘어간다. 나 혼자 답을 찾기란 쉽지 않다. 이런 질문들에 우리 사회가 다 같이 공유하고 인정하는 답이 있으면 좋겠다. 그 답을 함께 찾으려면 차분하게 사색하고 대화하고 토론할 시간이 필요하다. 한 도서관에서 다른 도서관으로 저자들이 발을 옮기듯 한 질문에서 다른 질문으로 사회 구성원들이 차근차근 발을 옮기며 각자의 이해를 섞어 하나의 공통된 이해를 만들어내는 것이 중요하다.

　내 생각을 먼저 이야기하자면, 도서관은 질문하는 사람을 위해, 즉 끊임없이 현재를 회의하고 미래를 모색하는 사람들을 위해 존재한다. 이것이 내가 생각하는 도서관의 가장 중요한 존립 근거이다. 달리 말하면 사람들이 궁금한 것이 있어야 도서관은 존립할 수 있다. 이것은 사실 꽤 어려운 일이다. 바쁜 일상에서 스스로 삶의 질문을 찾아내고 이해하고 해결책을 찾는다는 것은 결코 쉽지 않다. 그래도 민주주의 시대에 삶의 진짜 주인이 되려면 늘 깨어 있어야 한다. 알아야 주인 노릇도 할 수 있다. 누군가 답을 척척 알려준다면 얼마나 좋을까? 하지만 세상의 많은 질문들은 대부분 답을 알고 있는 사람이 거의 없다. 누군가 답을 말해준다고 해도 그것이 정말 맞는 답인지에 대해서는 결국 스스로 생각하고 판단해야 한다.

　이런 일을 하기 위해 우리는 세금으로 도서관이라는 공공기관을 만들었다. 수많은 지식과 정보를 미리 체계적으로 수집하고 정리해두고 누구나 궁금한 것이 있을 때 아무런 제약 없이 이용해서 주체적으로 문제를 풀어갈 수 있는 곳이 바로 도서관이다. 도서관은 어쩌면 가장 개혁적이고 미래 지향적인 공공기관이다. 도서관은 과거에서 얻은 재료를 녹여내 미래를 만들어내는 사람들이 북적대는 곳이어야 한다. 도서관은 숱한 지식과 정보, 문화와 교육 활동을 통해 자신과 사회를 바꾸어내는 사람들의 공간이어야 한다. 그런데 실제 우리 도서관 풍경이 그러한가? 아쉽게도 우리 현실은 그런 모습과 조금 거리가 있다.

도서관의 두 번째 존립 근거는 여유로운 시간이다. 누구도 자동으로 책 속 지식과 정보를 머릿속에 넣을 수는 없다. 스스로 읽고 해석하는 노력을 해야만 지식을 오롯이 내 것으로 만들 수 있다. 그러자면 각자에게는 책을 찾아 읽고 생각하는 시간이 반드시 필요하다. 시민들에게 도서관을 이용하지 못하는 이유를 물으면 다수가 시간이 부족해서라고 답한다. 먹고살기도 바쁜데 무슨 책이고 도서관인가 하고 반문한다. 사실 도서관은 어떤 공공 시설보다도 오랫동안 문을 열어두는데 그럼에도 불구하고 사람들은 도서관에 갈 시간이 없다고 한다. 그렇다면 이 문제는 도서관을 24시간 편의점처럼 운영한다고 해결될 성질의 것이 아니다. 결국 개인들이 스스로를 위해 쓸 시간을 좀 더 확보할 수 있도록 해야 한다. 이는 매우 중요한 사회적 과제다.

평생 새로운 것을 배워야 한다면서도 배우는 데에 쓸 시간을 주지 않는 사회는 거짓을 말하는 것이다. 깨어 있는 시민이 민주주의 확대에 꼭 필요한 일이라고 하면서도 사회의 주인으로서 해답을 찾고 생각할 시간을 가지지 못하도록 하는 사회라면 정말 민주주의를 원하는 것인지 묻지 않을 수 없다. 요즘 천천히 사는 삶에 대한 관심이 높아지고 있는데, 그것은 바로 도서관이 오랫동안 바라왔던 일이기도 하다. 천천히 가야 자신과 이웃을, 우리 사회를 제대로 볼 수 있다. 도서관에서 그런 삶을 만들어갈 수 있는데 그 도서관을 이용할 시간이 없다는 것은 정말 안타까운 일이 아닐 수 없다. 도서관은 공유 시설 중에서 우리 일상에 가장 가까이 있다. 지식이 중요한 시대에, 책을 통해 인류가 쌓아놓은 지식과 지혜를 이토록 쉽게 얻을 수 있는 곳이 또 어디 있을까?

도서관을 설립하고 운영하는 데에는 적지 않은 비용이 든다. 그 비용은 모두 시민이 마련한다. 도서관은 세금으로 설립하고 운영한다. 내가 이용하든 안 하든 도서관 설립과 운영에 이미 일정 세금이 투입되었다는 사실은 중요하다. 도서관은 '선불제' 시설이다. 그럼 도서관에 투입되는 세금은 어느 부분에 얼마나 쓰일까?

도서관은 세 가지 요소로 구성된다. 사람(직원)과 책(장서), 그리고 시설이다. 이 중 가장 중요한 요소는 사람이다. 꼼꼼한 사람 손길이 없는 도서관은 빈집과 같다. 내가 도서관을 찾았을 때 문을 열어 맞아주고 필요한 책을 찾아주고 질문에 답해주는 사람이 없는 도서관은 영혼이 없는 집과 같다. 그런데 아직 우리 사회에서는 가장 중요한 이 요소를 제대로 인정하지 않는 것 같다. 책만 있으면 된다고 생각하거나, 혹은 도서관을 독서실로 이용하는 것으로 충분하다고 생각하기도 한다. 그러나 책과 책상만 있다고 도서관이라고 할 수 있을까?

또 사람들은 도서관에는 어떤 책이든 모아만 두면 된다고 생각하기도 한다. 그건 내 집 서재를 아무 책으로 채우는 것과 그리 다르지 않다. 도서관은 사회 구성원 모두가 이용하는 공동 서재이다. 서재답게 꼼꼼하게 책을 고르고 모아야 한다. 그러자면 그 일을 잘 챙길 사람이 있어야 한다. 도서관이라는 무한한 지식과 지혜의 저수지를 잘 이용하기 위해서는 도서관 안의 '사람'에 대해 좀 더 신경 쓸 필요가 있다.

이 책은 도서관에 대해 이야기하면서 동시에 도서관에 필요한 여러 가지 사회적 질문을 던지고 있다. 독자들이 이 책을 읽으며, 자신이 만났거나 좋아하거나 혹은 바라는 도서관의 모습과 비교해보기를 바란다. 그럼으로써 우리 사회가 어떤 도서관을 가지면 좋을지에 대한 사회적인 대화를 만들어가면 좋겠다.

저자들은 앞으로도 계속 도서관을 찾아 나설 것이다. 가끔은 이들과 함께 도서관을 거닐고 싶다. 이들과 도서관의 본질이나 가치, 혹은 세세한 운영 방식에 대해 서로 생각을 나누며 도서관을 산책해도 좋겠다. 서로 다른 생각과 시각이 있다는 것을 확인하면서, 그리고 우리의 생각이 모이는 부분이 어디인지도 확인하면서 도서관을 걷고 싶다.

이렇게 좋은 필자를 발굴해낸 반비도 행복하겠지만, 가장 행복한 사람은 이 책을 읽는 나, 그리고 나와 같은 독자들일 것이다. 도서관에 대한, 예쁘고 단단한 책을 써낸 강예린 씨와 이치훈 씨에게 다시 한번 축하와 감사 인사를 보낸다. 두 번째 책을 기대한다는 부담감도 함께 보낸다.

이용훈(도서관문화비평가, 메타사서)

프롤로그

국내 여러 도서관을 여행하듯 다녀보고 그 기록을 모아 책으로 만들어보지 않겠느냐는 제안을 받았을 때, 우리는 큰 고민 없이 하겠다고 답했다. 둘 다 책 읽는 것을 좋아하고, 국내 인터넷 서점 우수 회원이며, 미국 인터넷 서점 아마존의 '위시 리스트'를 채우는 것이 취미인 데다, 마음이 심란할 때면 서가를 정리하기 때문이다. 도서관은 책을 좋아하는 우리가 한번쯤 깊이 탐구해보아도 좋을 대상 같았다. 우리를 출판사에 추천한 친구는 우리에게 부족한 것은 '유머와 시간'밖에 없으니, 그 점만 보충하면 좋은 필자가 될 수 있다며 글 쓰는 것을 독려해주었다. 친구의 격려에 힘입은 우리는 시간을 들여 도서관을 깊이 들여다보기로 마음을 굳혔다. 우리는 맞춤옷같이 편하게 도서관을 입었다 벗었다 하며, 이 공간을 안팎으로 소개하고 논할 수 있으리라 기대에 차 있었다.

책을 쓰기로 결심한 뒤, 우리는 근처 도서관을 하나씩 찾아가기 시작했다. 그런데 도서관을 갈 때마다 우리는 가장 먼저 건축으로서의 도서관의 면모를 살펴보게 되었다. 특별한 의도가 있어서라기보다, 건축가인 우리 눈에는 건축이 제일 먼저 보였기 때문이다. 우리는 건축 계획과 디자인의 관점에서, 그러니까 '개별 열람실보다는 공용 공간에 신경을 썼구나, 서가가 전면에 나와 있으니 사람들이 책에 노출되는 빈도가 높겠구나, 저 자리는 빛을 끌어들이려고 했구나' 하는 식으로 도서관 건축을 먼저 읽어냈다.

그런데 그렇게 도서관 탐방을 하다 보니, 탐방 횟수가 더해질수록 점점 막막한 기분이 들기 시작했다. 건축을 중심으로 이야기하자면, 아무래도 도서관의 장점보다는 허물을 드러내는 데에 치중하게 될 것 같았다. 한국의 다른 건축물처럼, 많은 도서관이 예산과 기한에 맞추어 임기응변처럼 지어진 경우가 많기 때문이다. 그런 비판적인 글을 잘 쓸 수 있을지에 대한 염려는 차치하더라도, 그런 글을 담은 책이 독자에게 어떤 쓸모가 있을까 하는 걱정이 들었다.

애초 우리에게 글을 청탁했던 출판사의 기획 의도는 개별 도서관이 갖고 있는 숨은 매력을 드러내어 사람들로 하여금 그 도서관에 한번쯤 가보고 싶다는 마음이 생기도록 하는 것이었다. 우리 역시 책을 읽은 사람들이 동네 도서관을 한번쯤 새로운 시선으로 바라볼 수 있도록 하는 글을 쓰고 싶었다. 그런데 도서관 건축에 대한 이야기들은, 그 내용이 아무리 일리 있더라도 건축가가 아닌 다음에야 도서관에 가보고 싶은 마음과는 큰 관련이 없어 보였다. 방향을 잡기 힘들었다. 건축으로서의 도서관에 대한 비평적 관점은 유지하되, 각 도서관들이 가진 역사나 특징을 잘 드러내고, 그것을 모아 한국에서 도서관이 정착해온 과정을 한눈에 보여주려면 어떻게 해야 할까.

그 방법을 찾으려면 도서관에 대해서 좀 더 공부해야 했다. 우리는 도서관과 책, 독서에 관련된 책들을 모아서 읽기 시작했다. 도서관의 역사에 관한 책, 다른 나라 도서관을 소개하는 책, 서점을 소개하는 책, 책 마을을 소개하는 책, 독서에 관한 책, 출판에 관한 책, 책의 미래에 관한 책, 도서관학과 도서관 친구들에 관한 책, 도서관 건축에 관한 책……. 그 덕분에 이 책을 쓰는 동안, 책꽂이는 온통 책에 관한 책들로 넘쳐났다. 책을 읽으면서, 우리는 책의 집인 도서관을 어떤 시선으로 바라보아야 할지 조금씩 힌트를 얻을 수 있었다.

또 하나의 중요한 과제는, 수많은 도서관 중에서 어떤 도서관을 소개하는가 하는 것이었다. 처음 두 도서관은 순전히 개인적인 이유로 선택했다. 서울 서대문구의 이진아기념도서관은 도서관이 태어나는 과정을 계속 살펴보았던 경험과, 도서관이 갖고 있는 독특한 사연 때문에 제일 먼저 소개하기로 진작부터 마음먹고 있었다. 광진정보도서관은 내가 13년 동안 살던 동네에 있던 터라 개관 당시 한강 풍경을 즐기며 독서하던 행복한 기억이 남아 있어 망설임 없이 선택했다. 광진정보도서관 방문은 우연히도 여러 좋은 만남으로 이어졌다. 오지은 관장님은 도서관의 공익성에 대해 많은 조언을 주셨고 '도서관 친구들'의 여희숙 대표님은 한국에서 도서관 문화가 어떤 식으로 자생하고 있는지 알려주셨다.

개인적인 경험을 좇아 선택했지만, 도서관 탐방을 마치고 나니, 자연스레 각 도서관의 주요 테마가 떠올랐다. 이진아기념도서관은 옛 서대문형무소 옆이라는 위치와 독서에 집중할 수 있는 건물 구조 때문에 '독서하는 개인'을 만드는 훈육의 공간으로서의 도서관이 주요 테마가 되었다. 광진정보도서관은 지역 속의 네트워크로 작동하는 공간으로서 도서관이 담당할 수 있는 역할에 더욱 주목하게 되었다.

그렇게 두 도서관에 대한 글을 쓰고 나자, 자연스럽게 다른 도서관들도 의미 있는 테마를 중심으로 선택하게 되었다. 역사가 깊은 도서관, 도시와의 관계를 보여주는 도서관, 자연 속 도서관, 여행자의 도서관, 종이 책의 미래를 준비하는 디지털도서관, 특정 장르만을 소장한 장르 도서관, 대학도서관, 어른들의 도서관 등등 다채로운 테마를 가진 도서관들이 우리 앞에 하나씩 나타났다. 테마를 중심으로 골랐지만, 고른 뒤에 보니 국립도서관, 시립도서관, 구립도서관, 작은도서관, 대학도서관 등 도서관의 유형별로 골고루 다룰 수 있었다.

계획에 있었지만 쓰지 못한 도서관도 있다. '도서관과 출판'을 테마로 하여, 여러 출판사들이 모여 있는 파주출판문화단지의 도서관에 대해 쓰고 싶었지만, 출판단지의 공식 도서관이 준비 중에 있어, 글을 완성할 수 없었다. 출판단지가 우리나라 출판 산업에서 갖고 있는 의미가 남다른 점을 생각하니 책에서 소개하지 못한 것이 못내 아쉽다. 국회도서관이나 기적의도서관 등 테마가 분명하지만 이미 대중에게 많이 소개된 도서관들은 일부러 배제했다. 독자들에게 새로운, 흥미로운 도서관을 발견하는 기쁨을 주고 싶었다.

모든 도서관을 우리 둘이 함께 찾아가 함께 걷고 둘러보았지만, 글은 나누어 썼다. 자신의 관심사에 따라 도서관을 담당해서 자료를 찾고, 정성껏 원고를 완성했다. 이진아기념도서관, 부산광역시립시민도서관, 숲속작은도서관을 비롯한 자연 속 도서관들, 제주 달리도서관, 사진책도서관을 비롯한 장르 도서관들과 로욜라도서관을 내가 썼고, 광진정보도서관, 부천예술정보도서관 다감, 국립디지털도서관, 정독도서관을 이치훈이 썼다. 사진은 도서관을 방문할 때마다 찍은 뒤, 좋은 사진들을 골라냈다. 날씨와 같은 여러 변수 때문에 보강 촬영을 해야 할 일이 많았는데, 이때는 치훈이 더 많이 애써주었다.

애초의 생각대로 도서관을 선정했다면 목차는 지금과 크게 달라졌을 것이다. 하지만 이야깃거리가 있는 테마를 중심으로 도서관을 선정한 덕분에, 도서관들이 가진 독특한 이야기들을 발굴하고 소개할 수 있게 되었다.

이 책을 쓰면서 우리가 얻은 제일 큰 소득은 바로 사람이다. 여러 도서관을 다니는 동안 우리는 도서관을 사랑하는 많은 사람들을 만났다. 특히 이용훈 도서관문화비평가, 우포늪지기 이인식 선생님, 동화작가 권오준 선생님, 도서관 친구들의 이소영 선생님과 양리리 선생님, 방송작가 이인경 선생님, 도서평론가 이권우 선생님을 비롯해 많은 이야기를 들려주셨던 모든 도서관 관계자 분들께 감사드린다.

그분들이 가진 도서관에 대한 경험과 생각, 꿈을 들을 수 있어서 보람찼고 행복했다. 그런 이야기를 통해 개별 도서관에 대한 정보뿐만 아니라 도서관을 둘러싼 여러 중요한 이슈들도 접하게 되었다. 도서관 공간의 일부를 독서실에 할애하는 문제라든가, 도서관이 도심에 있을 것인가, 아니면 자연에 더 가까워질 것인가 하는 입지와 관련된 문제, 끊임없이 늘어나는 장서를 어떻게 보관할 것인가 하는 문제, 도서관이 공동체에 어떻게 기여할 수 있는가 하는 문제 등이 그것이다. 쉽게 답을 낼 수 없는 문제들에 대해 오랫동안 고민해온 여러 사람들의 이야기를 많이 들었다. 우리에게 아낌없이 들려주신 소중한 이야기들을 이 책 곳곳에 담아 독자들과 공유하고자 했다.

책 한 권을 완성해내는 과정은 생각했던 것보다 훨씬 어려웠다. 빈터에 건물 하나를 세우는 것만큼이나 쉽지 않은 작업이었다. 세상에 근사한 책을 튼튼하게 세울 수 있도록, 어리숙한 필자들을 믿어주고 조언해준 반비의 김희진 편집장과 김선아 편집자에게 감사드린다. 그리고 부록에 있는 도서관 관련 다이어그램과 매핑을 도와준 이아름, 초기 리서치를 도와준 양예림, 김병철, 사진 찍는 데 동행해준 배주연에게 고마운 마음을 전한다.

2012년 10월 6일
저자를 대표해서 강예린 씀

차례

추천의 글   4

프롤로그   12

01
참척의 슬픔으로 도서관을 짓다   20
서대문구립이진아기념도서관
○ 도서관을 지은 한형우 건축가를 다시 만나다

02
도서관은 링크이다   40
광진정보도서관
○ 열정 넘치는 오지은 관장님을 만나다

03
도서관은 도시와 함께 나이 든다   58
부산광역시립시민도서관
○ 고문헌자료실의 문헌 해제자 정세영 선생님을 만나다

04
자연 속에서 책을 누리는 집   78
숲속작은도서관 / 관악산숲속도서관 / 농부네텃밭도서관

05
부천은 어떻게 도서관의 도시가 되었나   100
부천예술정보도서관 다감
○ 부천의 도서관 체계

06
여행하는 책, 여행자의 책
달리도서관   116
○ 『보이지 않는 도시들』에서 찾아낸 책과 여행의 관계

07
서고 없는 도서관은 가능할까
국립디지털도서관   134
○ 구글북스라이브러리프로젝트에 대하여

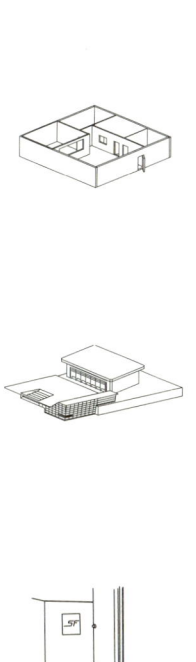

08
한 가지 장르로 도서관을 이루다
관악산시도서관 / SF&판타지도서관 / 사진책도서관   156

09
대학도서관은 우리에게 어떤 의미인가
서강대학교 로욜라도서관   182

10
어른들의 도서관이 필요할 때
정독도서관   202

부록   222
에필로그   246

01
참척의 슬픔으로 도서관을 짓다

서대문구립이진아기념도서관

강예린

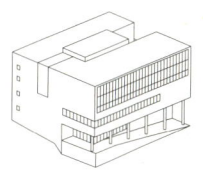

**모형에서
실물로 나타난
도서관**

7년 전 여름. 서대문구립이진아기념도서관(이하 이진아기념도서관)이 완공되던 해의 여름방학, 아직 학생이던 우리는 다른 건축학도 몇과 함께 이 도서관을 설계한 건축가 한형우 선생님의 건축사무소에서 일하고 있었다. 이진아기념도서관은 당시 이 사무소의 주요 프로젝트였다. '페이퍼 건축(paper architecture)'만 하는 학생들에게, 도면에서 일어나 시나브로 현실의 옷을 껴입는 건축물이야말로 드라마보다 더 흥미진진한, 말 그대로 '시크릿 가든'이다. 하루하루 완성되어가는 이진아기념도서관은 우리에게 끊임없이 화제가 되었다. 다들 스스로 이 건축의 설계자라고 상상하며 건물을 둘러보기도 하고, 나아가 실제 그 건축물이라고 상상하며 제대로 기능하는지 떠올려보기도 했다.

치훈에게는 이 건축 현장이 더욱 의미가 있었다. 한형우 건축가가 이진아기념도서관 설계 공모전에 참여했을 때 스태프로 함께 일하며 모형 만드는 작업을 도왔기 때문이다. 한 선생님의 작품이 공모전에서 당선되었으니, 이진아기념도서관이

 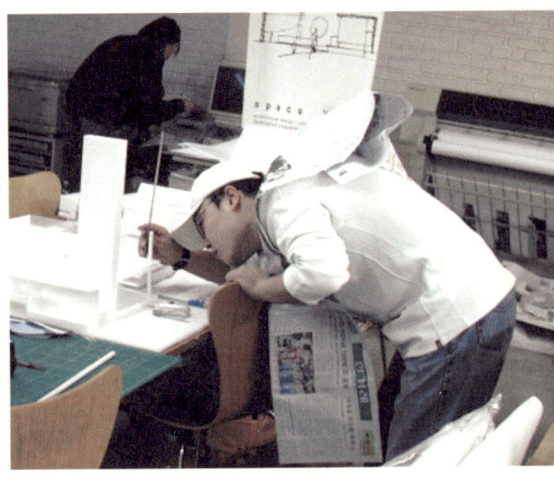

이진아기념도서관 건축 모형(제공: 스페이스연)   이진아기념도서관 공모전 모형을 만들고 있는 치훈

모형에서 실물로 완성된 이진아기념도서관의 가을 풍경(©김종오)

더욱 남다를 것이다. 내 손으로 나무판과 아크릴을 잘라서 만든, 1/50 축척의 건축 모형이 실물로 확대되어서 떡하니 등장하는 것은 그야말로 사건이다. 나무판 대신 콘크리트와 벽돌이 등장하고, 아크릴 대신 유리창이 끼워졌다. 우리는 50배 규모의 차이를 왔다 갔다 하면서 이 어마어마한 차이에서 간과되기 쉬운 것들, 끝까지 놓치지 말아야 할 공간상의 선택들에 대해서 의견을 나눴다. 서투른 데다 잘 알지도 못하면서.

오랫동안 많은 이야기를 나누었더니, 건물이 다 지어질 무렵에는 너무 친근하게 느껴져, 개관식에 가서는 누가 부탁하지도 않았는데 나무 루버(가느다란 널빤지로 빗댄 창살이나 창 가리개)의 줄눈이나 계단, 타일 같은 세부요소까지 빠짐없이 살펴보기도 했다.

밀란 쿤데라(Milan Kundera)의 소설 『불멸』에 따르면, 건축을 하는 사람들이 구축에 집착하는 것은 '불멸에의 의지' 중 하나다. 건축을 추구하는 사람들이 괴테나 괴테의 친구들과 다른 점은 시대의 명작으로 시간에 남기보다는, 구체적인 땅을 딛고 공간 속에서 꿋꿋이 존재를 드러낸다는 것이다. 여기서 쿤데라는 불멸의 전제는 '죽음'이라고, 슬프게 지적한다.

이진아기념도서관도 한 사람의 죽음에서 시작되었다.

요절한 딸을 위해 도서관을 짓다

이진아기념도서관은 아버지가 요절한 딸을 기억하고자 만든 집이다. 그 불멸의 시작은 이러하다. 언제나처럼 사업에 바쁜 아버지는 미국으로 출장을 갔다. 출장의 막바지에 마침 미국에 어학 연수차 와 있던 딸 진아를 잠깐 만나 뮤지컬 「라이온 킹」 간판 앞에서 사진을 찍고 헤어졌다. 그리고 한국에 돌아오자마자 자동차 사고로 목숨을 잃은 딸의 부고를 듣는다. 그 시절의 여느 바쁜 아버지들처럼, 딸의 졸업식조차 챙기지 못했던 아버지에게, 타국에서 찍은 사진 한 장이 성장한 딸과 찍은 마지막 순간이란 사실은 견디기 힘든 것이었다. 아버지는 죽음을 받아들이는 것을 넘어서, 무언가 해야겠다고 결심했다. 뒤늦게라도 딸에게 성의를 보이고 싶다.

여러 가지 방법을 궁리하던 아버지는 딸이 생전에 책 읽는 것을 좋아했다는 것을 떠올리고는 서대문구청에 도서관을 기증하기로 한다. 다른 조건은 없었다. 그저 많은 사람들이 도서관에 와서 딸처럼 책을 읽어주기를 바랐다. 매일 사람이 드나들며 책을 읽는 공간은 박제되지 않는다. 지속적으로 사용되는 공간은, 딸 진아를 기억해줄 매체로 충분하다. 그리고 이 도서관 이름의 유래가 궁금한 사람들이 때때로 진아를 떠올려줄 것이다. 은퇴 후에 도서관을 쓸고 닦을 것을 기약하는 아버지는 딸의 생일에 맞추어 도서관이 태어나주길 바랐다.

건축가는 이런 아버지의 마음을 세심하게 배려해 도서관을 설계했다. 예컨대, 도서관 옥상 정원에는 둥굴레를 심었다. 이진아 씨의 기일이 있는 여름에 맞추어 매년 하얗게 꽃이 피어나도록 하기 위해서다. 딸의 기일을 꽃이 추모한다. B.I(Brand Identity, 브랜드 이미지 통일 작업)를 맡은 그래픽디자이너는, 이진아 씨의 수첩에서 필체를 빌려와 도서관의 글꼴을 만들었다.

도서관은 삶의 마지막을 추모하기보다 삶이 계속되던 순

간들을 기억한다. 딸을 기억하는 공간에서 사람들이 책을 읽는 풍경은 가족들의 마음을 깊이 위로할 것이다.

딸을 기억하고자 하는 마음은 도서관이 완공되기 전부터 여러 훈훈한 에피소드들을 불러들였다. 그중 제일은 도서관 개관식 날 듣게 된 '세진이 엄마'의 이야기이다. 도서관 건너편 아파트에 사는 이 아주머니는 도서관을 짓게 된 배경을 알고 난 뒤, 건축 공사가 진행된 1년 3개월 동안 하루 걸러 한 번씩 빠짐없이 건축 현장을 같은 앵글로 사진을 찍었다. 아버지의 마음이 건축으로 자라나는 과정을 기록해주고 싶어서다. 그리고 그렇게 찍은 총 84장의 공사 기록 사진을 시디에 담아, 개관식 날 사연을 담은 편지와 함께 건축가에게 전달했다. 사진을 찍은 사람이 누구인지 굳이 밝히지는 않았다.

84장의 사진에는 봄, 여름, 가을, 겨울의 풍경이 모두 담겨 있었다. 도서관 부지에 땅이 파이고 1층에 슬래브와 벽이 올라가고 2층, 3층, 4층이 올려지고, 벽돌과 나무가 붙고, 창문이 달리는 모든 순간이 기록되어 있다. 이런 마음의 선물이 또 어디 있을까 싶어서, 건축가는 사진의 각도를 보고 추론하여 인근 아파트에 사는 다정다감한 사진가를 찾아냈다. 그리고 고마움의 표시로 사진을 한 건축 잡지에 보냈고 사진이 실린 잡지가 나오자 다시 아마추어 사진가에게 선물했다.

이 해 여름을 떠올리면, 이진아기념도서관 공사 과정에서 일어나는 다채로운 에피소드들이 매미 소리가 되어 배경에 깔린다. 그로부터 7년이 지난 2011년 겨울, 나는 빨간 벽돌 길을 따라 이진아기념도서관으로 다시 가보았다.

이진아기념도서관 건축 과정을 기록한 세진 엄마의 사진들

슬픔의 수인 옆에 자리한 도서관

이진아기념도서관은 옛 서대문형무소가 있던 서대문독립공원에 자리 잡고 있다. 지하철 독립문 역에서 도서관으로 진입하는 길은 공원—서대문형무소역사관—감시 망루의 벽—도서관의 순서를 따른다. 꼬불꼬불해 보이지만 빨간 벽돌길만 찾으면 찾아가는 길은 어렵지 않다.

서대문형무소 자리를 독립공원으로 돌리기 위해서는 형무소 건물 일부를 헐어내어 공원 부지를 확보해야 했다. 근대건축역사학회는 건축물의 보전 방식으로 그 건물을 이루고 있던 재료를 재활용할 것을 주장했다. 무엇이든 쉽게 버리고 새로 시작하는 도시 계획에 제동을 건 것이다. 이 제안이 수용되어 형무소 건물에서 헐어낸 재료가 공원에 필요한 스트리트 퍼니처(street furniture)*로 전환되었다. 그 결과 공원 곳곳에는 형무소를 헐고 남은 빨간 벽돌로 지은 의자와 쉼터 들이 원래 있던 장소의 기억을 간직한 채 놓여 있다.

서대문형무소에서 헐어낸 벽돌로 만든 계단. 벽돌의 경(京)자가 선명하다.

서대문형무소의 옛 이름인, '경성감옥'의 '경(京)'자가 새겨진 벽돌을 따라가다 보면 서대문형무소역사관이 나오고, 거기서 더 가면 '경'자가 없는, 그냥 빨간 벽돌로 지어진 이진아기념도서관에 도착한다.

* 거리의 가구라는 뜻으로, 우체통, 공중전화 부스처럼 거리에 설치된 작은 건조물을 가리키는 용어

책 읽는 몸을 만드는 공간

형무소 옆 도서관에는 책이 수감되어 있는가? 지식이 지혜로 교정될 때까지 책은 세상에서 격리되는가? '경성감옥' 옆에 서 있는 도서관을 보노라니, 자연스레 도서관 역시 감옥처럼 근대적인 '훈육'의 공간이라는 것이 떠오른다. 도서관은 책 읽기를 훈육하는 공간이다. 오욕의 역사를 덜어내고 오직 기능만 보자면, 경성감옥도 '서대문감옥—서대문형무소—서울형무

소—서울구치소로 이름은 바뀌어왔지만, 근대적인 처벌과 훈육의 공간이라는 점은 변치 않고 계속 이어져왔다.

훈육이라는 이름을 붙일 수 있다면, 책을 읽는 것만큼 '근사한' 훈육은 없다. 독서는 인류학적인 불변 사항이 아니라 특정한 행위와 공간 및 습관 속에서 구체화된 실천이다. 몸이 책 읽기에 익숙하지 않으면, 읽는다는 것은 참으로 고된 일이 된다. 특히 컴퓨터 모니터가 지면보다 더 흔해진 지금, 책이 사는 집, 도서관은 책 읽는 몸을 만드는 공간으로서 더욱 중요하다.

실제로 이진아기념도서관의 건축 평면은 교정 시설에서 유추한 것이라 한다. 감시자가 있는 곳을 중심으로 수인들의 방이 빙 둘러져 있는 감옥처럼, 도서관은 천창 밖 태양이 지켜보는 중앙의 아트리움을 중심으로 책의 방들이 빙 둘러져 있다. 물론 책을 읽지 않는 자를 감시하기 위해 이런 평면을 고안해낸 것은 아니다. 그보다는 초기 도서관을 만들 때 주어진 조건이었던, '문화 교실을 도서관 안에 수용하는 것'을 구체화하는 과정에서 택한 것이다.

이왕 도서관 내에 도서관이 아닌 시설이 더해져야 한다면 잘 녹아드는 게 좋다. 그 방법이 무얼까 고민하던 건축가는 문화 시설과 도서관이 절반씩 반원을 그리며 서로 마주하게 만들었다. 이렇게 되니 자연스럽게 독서하러 온 사람과 문화 교실에 수업을 받으러 온 사람들이 서로의 공간을 힐끔거리게 되었고, 더욱 자연스럽게 문화 교실 수업을 마치고 책을 빌려 가는 사람들이 생겨났다. 책을 자주 마주치는 경험 자체가 독서를 발생시키는 것이다.

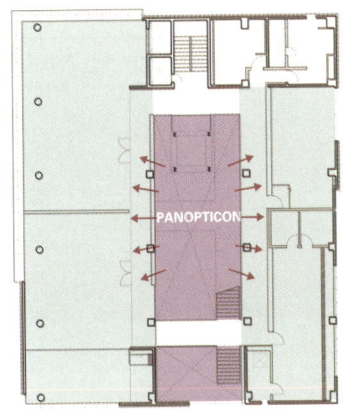 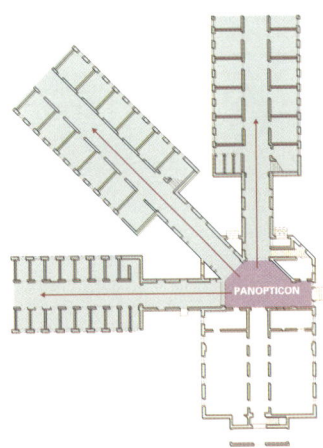

이진아기념도서관(좌)과 서대문형무소(우)의 평면. 형무소 평면에서 회색으로 칠해진 공간이 수감실이고, 보라색 공간이 감시 공간이다. 반면 도서관은 회색 공간이 열람실과 문화 교실이고 보라색 공간이 아트리움이다. 형무소에서는 보라색 공간에서 사람들을 일률적으로 감시하지만 도서관에서는 사람들이 서로 만나고 시선을 교환한다.

도서관 정문을 열고 들어가니 아트리움, 즉 건축 내부의 안뜰에는 지붕에 낸 천창에서 빛이 쏟아지고, 인왕산이 원경으로 살짝 보인다. 개관식 이후 처음 온 것인데, 그동안 사람들이 사용한 탓에 건물이 더 정겹게 누그러져 있다. 도서관을 이용하는 갖가지 방법을 적어 알록달록하게 만든 색동 안내판도 더욱 친근하다. 역시 건물은 사용되지 않아 녹스는 것보다, 많이 사용되어 닳는 것이 훨씬 자연스럽다.

천창에서 내려오는 빛에 적응하고 나서 오른쪽 벽을 보니 부조로 새긴 이진아 씨의 얼굴이 살짝 보인다. 도서관에 딸의 흉상을 놓아달라는 건축주의 요청에 건축가는 흉상보다 이미지와 글씨가 더욱 오래 가슴에 새겨진다는 말로 설득했다. 부

원경에서 바라본 도서관 모습. 서대문형무소역사관이 나란히 있다.(ⓒ김종오)

조 옆에는 가족들이 진아 씨를 기리며 남긴 글귀가 쓰여 있다. 그중 진아 씨를 묘사한, '맑고 순진한 천진난만한'이라는 단출한 형용사가 어느 흉상보다 깊이 인상에 남는다.

책을 읽는 도서관이 되기 위하여

이진아기념도서관은 8만 3000여 권의 소장서 중에서 1/3이 넘는 3만 4000여 권 정도가 어린이 책일 정도로, 아이들을 위한 준비가 잘 되어 있다. 도서관 주변 아파트에 아이들이 많이 살기 때문이다. 도서관에 들어서면 제일 먼저 만나게 되는 방도 모자열람실과 어린이열람실이다. 이 두 열람실은 바른 자세로 앉아 스스로 책을 읽을 수 없는 어린아이들을 위해 신발을 벗고 들어가 앉을 수 있도록 해놓았다. 엄마 아빠의 무릎에 앉

서대문역사문화공원과 독립문

1907년 일본은 독립협회가 사무소와 집회 장소로 사용하던 독립관을 경성감옥으로 전환해, 국권 침탈 이후 거세진 반발을 잠재우는 공간으로 활용했다. 수많은 독립 운동가들이 고문을 받고 옥고를 치른 경성감옥은 그 옆의 독립문과 더불어 항일의 민족 공간으로 여겨진다. 여기서 살짝 의문이 든다. 독립관을 일제에 반대하는 세력을 가두는 감옥으로 전용한 일본이, 경복궁 앞에 조선총독부 건물을 지은 일본이, 독립문은 왜 내버려두었는가? 심지어 일본은 무너져가는 독립문을 보수했고, 사적으로 지정하여 보살폈다.

독립문은 청일전쟁에서 일본이 승리한 후 청의 사신을 맞이하던 영은문을 허물고 그 대신 만든 것이다. 김백영●에 따르면 일본에 있어 독립문은 조선의 종주권을 둘러싸고 일본과 청이 어깨를 겨루던 상황에서, 일본이 완벽하게 통제권을 얻은 것을 기념한 것으로 읽힌다. 또 독립문 건립을 주도한 세력 중에는 대한제국의 탄압을 받았던 친일파와 친미파가 많았다고 한다. 대다수 한국인에게 독립문은 항일의 상징이었지만, 일본이 바라보는 관점은 달랐고 이렇게 상반되는 의미가 중첩되는 과정에서 독립문은 살아남을 수 있었다.

● 김백영, '파괴와 복원의 정치학: 식민지 경험과 역사적 장소의 재구성', 「공간정책의 인문학적 기초 조성을 위한 연구(II)」, 건축도시공간연구소, 2009, 132~146쪽

아서, 혹은 누워서 책을 놀잇감 삼아 읽고 노는 것은 책과 친해지는 가장 좋은 방법이다. 모자열람실에 들어가 보니 한 여자아이가 누워서 엄마가 읽어주는 이야기를 옹알거리고 있다. 저렇게 책 이야기를 듣다 보면, 이야기와 이미지가 머릿속에서 어느 순간 철썩 붙어버릴 것 같다. 그런 이미지와 이야기 들은 나중까지 뚜렷하게 기억에 남지는 않을 것이다. 하지만 지금 이 순간 분명 어떤 방식으로든 아이를 성장시키고 있을 것이다.

이야기를 좋아하는 아이들을 위해 도서관에서는 '책 읽는 할머니의 스토리텔링'이라는 프로그램을 운영하고 있다. 옛이야기책을 맛깔스럽게 읽기로 소문난 동네의 자원봉사자 할머니가 목요일마다 도서관에 와서 아이들을 모아놓고 책을 읽어준다. 시작한 지 5년가량 되었는데 여전히 동네 아이들에게 인기가 많다. 매주 정기적으로 찾아오는 아이들도 있다고 한다. 할머니의 이야기를 듣는 아이들의 마음속에서, 비밀과 마법과 주술과 잘 모르는 나라의 이야기와 도시가 아닌 곳과 사람이 아닌 것의 이야기들이 뒤섞이면서 상상의 외연이 더욱 넓어진다. 아이들이 여기까지 혼자 오기는 쉽지 않을 테니 모르긴 몰라도 책을 읽는 아이 덕택에 책을 읽게 된 부모도 적지 않을 것 같다.

도서관 3층으로 올라가면 어른들의 열람실이 나온다. 도서관을 지을 때 공부하는 방을 만들자는 의견도 일부 있었으나, 건축주는 '책 읽는 도서관'이어야 한다는 의지가 확고했다고 한다. 전과와 문제집처럼 남이 추려놓은 지식을 보는 것이 아니라, 추려지지 않은 지식과 이야기를 스스로 탐구하는 것이

천창에서 빛이 쏟아지는 도서관 중앙의 아트리움(ⓒ김종오)

도서관 열람실 내부. 열람실 한쪽은 전면이 창으로 되어 있어 공원에 활짝 열려 있다.
(ⓒ김종오)

갖는 힘과 의미를 알리고 싶었겠지 싶어 저절로 고개가 끄떡여진다. 건축주의 의견이 관철되어서, 열람실에는 문제집이나 고시 관련 책은 물론 어떠한 외부 책도 들여올 수 없게 되어 있다. 도서관에서 소장하고 있는 책들부터 소화해내도록 사서들이 단속하고 있다.

열람실에 들어가자마자 전면에 공원을 품고 있는 창 앞에, 책을 읽고 있는 사람들이 눈에 띈다. 책상에는 조명 스탠드까지 갖춰져 있다. 높은 천장에, 개인 조명까지 놓인 책상이라니, 한국에서는 다소 낯선 풍경이다. 공원을 전면으로 마주하고 있는 서가의 창은, 독서로 지친 눈이 휴식할 수 있는 안식처가 된다. 창의 반대쪽에는 잘 분류된 책꽂이가 있다. 철학, 종교, 사회과학, 순수과학, 기술과학, 예술, 어학, 문학, 역사 등등. 제일 많은 칸을 차지하고 있는 책은 역시 문학이지만, 역사적 장소에 있기 때문인지 사회과학과 역사 서적도 적지 않게 눈에 띈다. 재미있게 읽을 만한 책들을 다양하게 갖추어 책 읽는 도서관으로 만들겠다는 의지가 느껴진다.

이진아기념도서관의 시작은, 딸을 잃은 슬픔을 치유하는 것이었지만, 지금 도서관은 치유를 넘어 더욱 많은 역할을 하고 있다. 처음 도서관을 그릴 때 상상했던 의도보다 훨씬 많은 일이 일어나고 있다. 아이들은 도서관에 와서 1박 2일 독서 캠프를 하고, 노인들은 도서관에서 휴대폰 사용법을 익힌다. 결혼 이주 여성들은 도서관에서 직업 교육을 받는다.

도서관을 다 둘러보고 나서도, 좀 더 머물고 싶은 마음에 서가에서 책을 한 권 꺼냈다. 도서관에서 읽기에 참 적절한 제목이다 싶은 마음에 무심코 집어든 책이 카를로 프라베티(Carlo Frabetti)의 『책을 처방해드립니다』이다. 열람실에 앉아 책을 다 읽고 난 뒤, 도서관 문을 나서는데, 이 책의 한 구절이 슬며시 떠오른다.

"이 집도 건축가가 도면에 그어놓은 선이 나타내는 것을 모두 다 가지고 있겠지. 하지만 다른 것들도 많이 있잖아. 바로 우리를 포함해서 말이야!"

도서관을 지은
한형우 건축가를 다시 만나다

한형우 건축가는 어떻게 도서관 옥상에 둥굴레를 심을 생각을 했을까? 오랜만에 이진아기념도서관을 돌아보고 나니, 다시 몇 가지 궁금한 것들이 생겨나 한 선생님을 찾아가 인터뷰를 부탁했다. 시간을 내어 마주 앉자마자, 제일 먼저 옥상의 둥굴레 이야기부터 꺼냈다.

둥굴레에 대한 생각은 이태준의 『무서록』에서 시작되었다고 한다. 『무서록』은 이태준의 수필집으로 『근원수필』과 더불어 수필을 문학 장르로 자리 잡도록 하는 데에 크게 기여한 책으로 알려져 있다. '지용(정지용)의 운문, 상허(이태준)의 산문'이라는 말이 있을 정도였으니 문장은 빼어나기로 유명하지만, 도서관과는 도대체 어떻게 연결되는가? 힌트는 『무서록』에 나온 「파초」 이야기에 있다.

"아주 소소한 이야기야. 이웃에서 큼지막한 파초 한 그루를 사와서 선지 같은 기름진 것들로 잘 키웠다. 파초에 비 떨어지는 소리가 너무 좋아서 이것을 잘 듣기 위해 창문에 챙을 안 달았다 하는 이야기지. 건축가라면 비가 들이치지 않게 챙을 매달았겠지만, 그러면 거기 떨어지는 빗물 소리 때문에 파초에서 튕겨오는 소리를 못 듣게 되잖아. 일상의 디테일인 것이지. 사용자들은 자신들이 사는 생활공간을 섬세하게 경험하고 만들어가니 건축이 하는 일도 응당 그래야 하지. 큰 공간 계획도 중요하지만, 시계를 어디에 걸어놓을지 하는 작은 계획도 역시 중요해. 그에 따라서 사람들이 시간을 알아채는 방식이 달라지니까. 꽃나무를 심을 때도 평상시 잎만 있을 때는 어떤 모양인지, 꽃은 무슨 색인지, 언제 피는지 생각하면서 심어야지."

둥굴레는 이진아기념도서관과 여러 가지 면에서 잘 맞았다. '다년생일 것, 평상시에 잎이 푸를 것, 기일에 맞추어 여름에 흰 꽃을 피울 것'이란 조건을 모두 갖추고 있다.

이진아기념도서관에는 건축주의 의도뿐 아니라 건축가 자신의, 도서관에 대한 꿈도 담겨 있다.

"도서관을 지으면서 내가 가고 싶은 도서관을 상상했어. 요즘에는 많이 늘었지만, 예전에는 대학도서관 말고는 개가식 도서관이 많지 않았지. 도서 카드를 사서에게 제출하면 책을 꺼내주는 폐가식 도서관이 대세였지. 나는 내가 직접 책을 고르고 싶어. 책을 찾다 우연히 다른 책을 만나서 읽는 것, 언제든지 가서 책을 읽고 나올 수 있는 곳이 좋아."

그런 공간이 되기 위해서 큰 스케일 말고, 작은 차원에서 필요한 것으로는 무엇이 있었을까?

이진아기념도서관을 지은 한형우 건축가

"요즘에는 도서관에서도 인터넷 접근이 되어야 하는데 그러려면 바닥에 마치 전산실과 같이 전선이 지나는 텅 빈 공간(access floor)이 필요하거든. 그런데 그런 게 있으면 걸을 때 텅텅거리는 소리가 나게 돼. 감촉도 좋지 않고. 하지만 책을 찾아 들고 자리로 갈 때 조심해야 한다는 느낌을 주고 싶지 않았어. 도서관에서 조용히 하는 것과 조심하는 것은 다르니까. 그래서 바닥의 디테일에 신경을 썼어."

옥상의 식물부터 바닥의 디테일까지 모든 건축물에는 건축가의 손이 미치지 않은 곳이 없지만, 때로는 완공 후에 의도하지 않았던 결과나 의미를 얻기도 한다. 이진아기념도서관에도 그런 것이 있다.

"서대문독립공원, 옛 형무소 건물, 인왕산을 고려해서 도서관을 앉힌 것인데 나중에 살펴보니 도서관이 교보빌딩, 종로타워랑 정확히 일직선에 있더라고. 4층 휴게실에 가면 한눈에 보이지."

교보빌딩이라면 교보문고가, 종로타워라면 반디앤루니스가 있다. 서울의 대표적인 대형 서점 두 곳과 일직선에 있는 도서관이라니, 우연치고는 뭔가 의미 깊다.

한 건축가는 이제 이용자가 되어 아이들과 함께 종종 도서관을 찾는다. 자신이 설계하고 지은 건물에 손님이 되어 찾아오는 것은 건축가만이 누릴 수 있는 남다른 기쁨이기도 할 것이다. 특히 이 도서관에는 아들, 준이와 만든 작은 추억도 있다.

"집이 멀어서 자주는 못 오지만, 그래도 가끔씩 준이, 슬이와 함께 도서관을 찾아오곤 해. 오면 3층이나 4층에서 오래 머물면서 같이 책을 고르지. 다른 아이들과 섞여서 진지하게 책을 읽는 아이들 모습을 보면 참 흐뭇하고 좋아. 준이가 제일 좋아하는 곳은 아트리움이야. 지금은 내 실수로 죽고 없지만 원래 아트리움에 자작나무를 심었거든. 그게 준이의 아이디어였어. 아트리움을 계획하던 차에 준이에게 도서관 안마당에 무슨 나무를 심으면 좋을까 물어봤었어. 그랬더니 자작나무가 좋겠다는 거야. 나도 그게 적당할 것 같아 자작나무를 심었지. 도서관을 개관하고 처음 방문했을 때 준이가 나무를 발견하고는 아빠가 자기 말을 들어주었다며 정말 좋아했지."

도서관이 완성되고 난 뒤에도 한 건축가는 건축주와 때때로 연락하며 지낸다. 남다른 사연이 있는 도서관이라 건축가에게도 각별한 의미로 남았기 때문일까.

"참척의 슬픔으로 시작된 건물이니 아무래도 다른 건축주보다 더 마음이 가지. 저번에 뵈었을 때 그런 말씀을 하시더라고. 지금 자녀에게 잘하라고."

02
도서관은 링크이다

광진정보도서관

이치훈

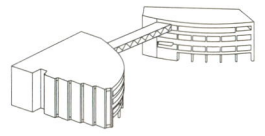

**도서관에서
한강을 바라보다**

건축가가 도서관을 설계할 때 가장 먼저 떠올리는 이미지는 사용자가 책을 읽는 장면일 것이다. 도서관에서 사람이 점유하는 공간을 이리저리 상상해본다. 어떤 의자에, 어떤 자세로 앉아, 어떤 책상에서, 어떤 책을 읽을지 상상하면서 책상과 의자가 놓일 마루의 재료부터 서가의 책장 배치를 구상한다. 그래서 '강변의 도서관'이라는 설명이 따라다니는 광진정보도서관(이하 광진도서관)은, 건축가인 나로서는 그 독특한 입지 때문에 먼저 호기심이 솟았다. 강변 옆에 자리한 도서관 안에서는 사람들이 어떤 자세로, 어떤 서가에서, 어떻게 강변 풍경을 음미하며 책을 읽을까?

한강 변에 있다는 것을 알고 가긴 했지만, 그래도 도서관이 강과 이렇게나 가까울 줄은 몰랐다. 도서관 열람실에 들어서니 투명한 열람실 창 밖으로 한강이 펼쳐져 있다. 보통은 어두침침한 굴다리를 지나 한강 고수부지까지 나가야만 마주할 수 있는 풍경인데 도서관 안에 한 토막 들어와 있다. 수미터 앞의 물줄기를 바라보니 마치 찰랑거리는 물소리가 들리는 듯 '감각적 교란'이 일어난다. 강을 이마에 대고 책을 읽고 있는 사람들 모습은 상상했던 것보다 훨씬 보기 좋으면서도 어딘가 생경한 느낌도 든다.

지척에 있는데도, 한강을 특정한 건축 프레임을 통해 체험할 수 있는 기회는 많지 않다. 건축 프레임은커녕 한강과 그 건너편의 풍경을 감상하며 사는 것조차 서울에서는 많은 비용을 지불해야 가능한 일이다. 아파트가 마치 병영 기지처럼 강변을 막아서고 있기 때문이다. 한남동 일대의, 깎아지른 듯한 옹벽 위에조차 고급 빌라들이 들어서 있다. 한강 고수부지까지 나가지 않으면 풍경을 감상하기 어렵다. 삭막한 도시, 서울에서 조망의 권리는 배타적으로 사유화된 지 이미 오래다. 그래서 이렇게 사유화된 자연을 도서관이라는 공적인 공간에서 향유하

광진도서관 개관 초기 모습. 강을 향해 두 팔을 벌린 듯하다.(자료 제공: 광진도서관)

광진도서관의 위성 사진. 건물 배치를 보면 애초부터 한강 조망 확보를 가장 중요한 요소로 두었음을 알 수 있다.

는 것은 더욱 가치 있다.

광진도서관을 설계한 건축가도 분명 한강 옆의 도서관과 그 안에서 강을 마주하고 앉아 독서하는 사람들을 상상했을 것이다. 어딘가 시적이기까지 한, 이 상상된 이미지로부터 만들어진 도서관은 현실에서는 아주 분주하게 움직인다. 그 속에는 수많은 사람의 만남, 지식과 정보, 지역사회의 경험들이 교차한다. 창 밖 풍경에 들뜬 기분을 잠시 누르고 찬찬히 도서관을 살펴보기로 한다.

둥그런 도서관, 둥그런 서가

도서관 정문에 들어서면 넓은 안내데스크에 앉은 사서들이 먼저 방문객을 맞이한다. 안내데스크 맞은편에는 엄마와 아이들이 함께 책을 읽고 놀 수 있도록 온돌이 깔린 모자열람실이 있다. 그 옆으로는 또다시 커다란 사서 데스크가 있어서 어린이 이용자를 맞고 있다. 데스크 배치 덕분에 도서관 어느 곳에서 둥그런 건물 때문에 서가 배치도 둥그렇게 되어 휘어진 복도가 만들어졌다.

나 사서들에게 친절하게 안내 받을 수 있는 곳이라는 느낌이 든다. 한강을 향해 열린 건물이 되느라 도서관 평면은 1/4로 자른 원 모양의 건물과 초승달 모양의 건물이 마주보는 형상이다. 각 열람실의 창은 한강을 향해 동그랗게 열려 있다.

 열람실로 들어가기 전에 만나게 되는 휴식 공간에는 반대편 건물로 이어지는 구름다리의 입구가 있다. 하늘에 떠 있는 구조물은 비용이 많이 들어서 보통 특별한 이유가 없으면 설치하지 않는다. 그럼 조망 때문에 만든 것일까? 철제 트러스(직선으로 된 여러 개의 뼈대 재료를 삼각형이나 오각형으로 얽어 짠 구조물)로 지탱하고 유리로 표면을 둘러싼 공간임에도 공기는 차가웠고, 짐작한 대로 한강으로 열린 전망이 탁월하다. 구름다리를 지날 때면 강이 더 가까이 있는 느낌이다.

많은 사람들이 이 하늘 길을 부단히 넘어간다. 어디로들 가는 걸까? 지나는 사람에게 물어보니 구름다리 너머 반대편에는 공부하는 열람실이 있단다. 문화관이라는 이름의 별동 건물인데, 서고에서 책을 꺼내 바로 책상에 앉아 읽을 수 있는 일반 열람실과 다르게, 말 그대로 방문자가 가져온 책으로 조용히 공부하는 열람실이다.

**독서실이라는
불가피한 공간**

집에서 가져온 책으로 공부하는 열람실, 독서실은 우리 도서관에서만 볼 수 있는 독특한 공간이다. 일제 시절부터 내려온, 근대적인 훈육식 교육 경험을 도서관이 물려받은 결과라고 한다. 도서관을 독서실로 이해하는 것은 매우 당연한 것처럼 되어 있지만, 사실 이는 매우 '역사적인' 이해인 셈이다. 이 때문에 많은 공공도서관이 그 시설 일부를 독서실로 내어주고 있다. 광진도서관도 예외는 아니어서 문화관 일부를 독서실로 쓰고 있다. 하지만 도서관을 본래의 목적에 맞게, 책 읽는 공간으로 만들고 싶은 사람들에게 열람실 일부를 독서실에 할애해야 한다는 사회 분위기는 때로 부담스러운 일이 되기도 한다.

사실 독서실에서 교과서와 참고 서적을 외우고 문제집을 푸는 일은, 도서관이 지역 문화 활동의 기반 시설로 발전하는 데에는 큰 도움이 되지 않는다. 참고서가 가득한 무거운 가방을 메고 독서실을 찾는 방문자들은 도서관 사서들을 만날 일도, 지역 주민인 다른 방문자들과 마주칠 일도 없다. 그저 별

4층 도서관동 열람실 입구에서 본 한강 풍경. 2000년의 강변북로 연장 공사 때문에 한강이 한눈에 들어오지는 않지만 강이 무척 가까이 있어 풍경이 탁월하다.

문화동에서 바라본 도서관동의 전경. 두 건물은 4층에서 구름다리로 연결된다.

도로 마련된 로비에서 좌석표를 뽑고 칸막이가 쳐진 독서실 의자에 앉아 고독하게 참고서와 씨름할 뿐이다. 매일 도서관을 드나들지만, 이들의 기억 속에 도서관은 책을 읽고 사색하는 공간으로 남지 않는다. 그 대신 입시 경쟁이나 취업 경쟁에서 얻는 스트레스와 결합되어 무거운 마음의 짐이 상기되는 공간, 무엇보다 지극히 사적인 공간으로 남는다. 참고서와 씨름하는 사람들에게, 구름다리 하나만 건너면 만날 수 있는 지적이고 창의적인 책의 보고는 입시 이후 혹은 시험 합격 이후에나 갈 수 있는 머나먼 공간이다. 구름다리를 사이에 둔 도서관의 두 동은 사뭇 다른 공기로 차 있다.

독서실의 무겁고 어두운 공기를 걷어내고 그 자리를 창의적이고 생산적인 문화 활동으로 채우면 어떨까? 그러니까 독서실을 없애면 어떨까? 상상을 해보지만, 독서실을 없애는 것은 결코 쉽지 않다. 많은 시민들이 현실적인 필요 때문에 공공도서관에 독서실 공간을 마련할 것을 강력하게 요구하기 때문이다. 이는 광진도서관에 구름다리가 놓이게 된 사연이기도 하다. 독서실을 없애는 대신, 광진도서관은 아예 도서관과 독서실을 분리하는 전략을 택했다. 건립 당시 도서관 측은 건축가에게 독서실과 일반 열람실을 완전하게 분리하도록 요청했다고 한다. 분리되지 않을 경우, 자칫 책 읽는 공간이 개인적으로 공부하는 사람들에게 잠식당하거나 독서 자체가 방해받을 우려가 있기 때문이다.

**도서관,
책의 집을 넘어서**

광진도서관에 꼭 와보려고 했던 이유에는, 한강 변에 있다는 것 외에 한 가지가 더 있다. 나는 광진도서관에서 도서관이 책과 사람뿐만 아니라, 사람과 사람을 어떻게 연결할 수 있는지에 대해 힌트를 얻고 싶었다.

도서관이라는 공간은 나와 같은 건축가들에게 꿈이자 숙제이자 연구 대상이다. 도서관은 가장 오래된 건축 유형이면서 시대마다 그 쓰임과 역할이 변해왔는데 특히 현대의 도서관은 그 변화된 기능만큼 계획하는 사람에게 다양한 고민을 요구한다. 훌륭한 도서관을 짓고자 하는 건축가라면 그 안에서 사람이 교류하는 구체적인 모습뿐 아니라, 지역사회에서 도서관이 어떤 역할을 해야 하는지에 대해서도 고민해야 한다. 나 역시 짓고 싶은 도서관을 상상할 때마다 제일 먼저 만남을 지원하는 유연한 형태의 플랫폼을 떠올린다. 책 읽기라는 내밀하고 정신적인 체험이 독서 토론이나 재능 기부와 같은 공동체적 경험으로 확대되는 장소. 지적인 호기심으로 가득한 사람들이 만나는 공간.

광진도서관은 사람이 교류하는 공간으로서 도서관의 역할을 가장 깊이 고민하는 도서관 중 하나다. 특히 오지은 도서관장님을 비롯해 사서들이 먼저 그런 고민을 오랫동안 해왔다. 사서 출신인 오 관장님은 사람에 대한 관심을 사서의 자격 요건이자 책임으로 꼽을 정도로, 교류에 대한 생각이 남달랐다.

"저는 사서가 되고 싶은 사람은, 사람에 신경을 쓸 줄 알아야 한다고 말하곤 합니다. 그저 책이 좋은 사람이라면 사서를 포기하는 편이 낫습니다. 오늘날 도서관은 지역사회에서 사람들을 교류하게 하는 다리 역할을 해야 해요. 그룹 독서와 토론을 통해 사람들이 만나고, 오래된 책을 기증하는 행사를 통해 결국은 사람들이 교류하게 되는 거죠. 사서란 이를 테면 동네 이장 같은 셈이죠."

책을 매개로 사람과 사람이 만나는 공간으로서 도서관이 지역사회에 기여하는 가장 대표적이고 일반적인 방식은 시민들에게 교양 강좌 프로그램을 제공하는 것이다. 비용 부담 없이 양질의 교양 강의를 들을 수 있는 도서관 강좌들은 많은 도시에서 큰 호응을 얻고 있다. 하지만 교양 강좌는 도서관에서 모든 프로그램을 선정하고 제공하는, 일방향적인 아카데미라는 점에서 아쉬움이 있다. 그런데 광진도서관의 시민 교류 프로그램은 일방향적인 강연뿐 아니라, 시민이 직접 참여하는 프로 보노(재능 기부)가 활성화되어 있다는 점에서 흥미롭다.

원래 라틴어 '프로 보노 퍼블리코(Pro Bono Publico)'의 줄임말인 프로 보노는 '공익을 위하여'라는 뜻으로, 원래 미국 변호사들이 사회적 약자를 위해 제공하는 법률 서비스를 일컬었다. 이제는 법률뿐 아니라 의료, 교육, 경영, 전문 기술 등 다양한 분야에서 전문가들의 봉사, 혹은 재능 기부를 통칭하는 말로 확장되어 쓰인다. 그럼 광진도서관에서 시민들이 제공하는 재능 기부는 주로 어떤 것일까?

오 관장에 따르면 자신이 할 수 있는 어떤 일이든 재능 기부의 대상이 될 수 있다. '손맛 좋은 할머니의 김장 재능 기부'가 그 한 예다. 동네에 사는 할머니가 도서관 옥상에서 키운 채소로 사람들에게 김장하는 법과 반찬 만드는 법을 가르쳐주었다고 한다. 소박한 행사에서 공동체의 의미가 새삼 살아난다. 이런 소박하고 재미있는 행사를 통해 도서관은 지역사회 사람들을 연결해준다.

주민들의 호응이 가장 높았던 프로젝트로 도서관 사람들은 모두 '시니어 자서전 쓰기'를 꼽는다. 2012년 4월부터 9월까지 진행된, '모두 꿈 드림'이라는 이름의 평생학습 프로젝트 중 하나로 진행된 이 프로그램은, 환갑이 넘은 어른 20여 명이 방송작가의 도움을 받아 각자의 삶을 기록하는 것이었다. 프로젝트는 편안한 분위기에서 각자의 삶을 이야기하는 것으로 시작했다. 어린 시절 이야기부터 군 생활, 첫사랑, 결혼과 육아, 인생의 성공과 실패에 관한 이야기를 거쳐 미리 쓰는 유서까지, 어른들이 들려주는 지나간 삶의 이야기는 눈물과 웃음이 교차하는 한 편의 인생극장 같았다. 그리고 한 권의 자서전을 완성할 수 있을 만큼 충분히 흥미로웠다. 글쓰기에 익숙하지 않았던 어른들조차 20회에 걸친 강의와 진지한 토론 그리고 글쓰기와 퇴고를 통해 마침내 자서전 한 권을 탈고했다.

아쉽게도 이 자서전을 도서관 서고에서 만날 수는 없다. 책의 저자들이 이 내밀한 기록을 다른 사람에게 내보이는 것을 꺼렸기 때문이다. 그 마음이 충분히 이해되면서도 언젠가 도서관 서고 한 켠에서 다정한 이웃들의 자서전을 만날 날 또한 기다려진다.

광진도서관에서 도서관은 일종의 링크와 같다. 도서관은 책의 집을 넘어 사람과 사람이 만나는 집이 된다. 광진도서관을 둘러보면서 도서관을 들여다보는 일이 도서관이 지역사회

시니어 자서전 쓰기 과정을 통해 만들어진 자서전들

구성원들을 어떤 방식으로 만나게 하는지 발견하는 일이기도 하다는 사실을 다시금 깨달았다.

동네 도서관 서포터스, 도서관 친구들

광진도서관이 시민 참여가 활발한 도서관으로 유명해진 데에는 '도서관 친구들'의 역할이 매우 컸다. 도서관 친구들은 도서관을 통해 만남을 지속하면서 도서관의 사회적인 역할을 실천하는 사람들의 모임이다. 얼핏 자원봉사 모임처럼 보이지만, 이들의 활동 영역은 봉사를 넘어선다. 이들은 도서관 재정과 문화 프로그램을 구체적으로 지원하고 지역에 홍보하는 비영리 민간 단체로서 독서 토론을 통해 책 읽는 문화를 만들고, 저자 특강 같은 행사를 주관하며 '한 달 한 책 읽기' 같은 독서 활동도 진행한다. 또 '친구와 친구하기'라는 뜻으로, 도서관에서 친목을 도모하는 행사인 '친친 행사'나 저렴한 가격에 책을 파는 '책 시장' 등의 행사를 통해 책과 관련된 자생적인 지역 문화를 만들어가기도 한다.

도서관 친구들의 활동은 도서관 운영에 유의미한 안전망을 제공한다. 사실 도서관 예산이야말로 경기가 좋지 않을 때 가장 쉽게 삭감되고 변동되는 것 중 하나다. 이런 불가피한 이유로 운영이 불안정해질 때 이용자들, 즉 지역 주민들에게 적극적으로 서비스하기 위해서는 재정적이고 물리적인 지원이 필요하다. 도서관 친구들은 시민의 자격으로 자료 구입비 같은 도서관 예산 편성에 대해 지자체에 적극적으로 발언한다. 광진도서관이 《학교 도서관 저널》이나 '어린이 브리태니커 시리즈'같이 필요하기는 하지만, 신간 위주의 예산 편성에서 비껴나기 쉬운 책들을 구입할 수 있게 된 데에도 도서관 친구들의

도서관 친구들의 역사

'도서관 친구들'(Friends of Library)은 서구 사회에서는 이미 오래전부터 이어져온, 시민사회의 도서관 후원 조직이다. 서구 사회에서 '○○의 친구들'이라는 이름은 '도서관 친구들'뿐 아니라 다양한 기관, 건물, 장소, 행사 등을 위한 후원회 혹은 자원봉사 단체의 이름에 자주 사용된다. 후원회나 자원봉사, 자선 단체의 형태로 생겨나는 많은 시민단체와 이들이 사회를 위해 활발히 활동하는 현상은 성숙한 시민사회의 단면을 보여준다.

영국에서 도서관 친구들 연구로 학위를 받은, 명지대학교 문헌정보학과 김영석 교수에 따르면, 도서관 친구들은 1900년대 초에 독일과 프랑스의 공공도서관과 국립 도서관에서 시작되었다. 이후 미국으로 전해지면서 활동이 크게 늘었다. 광진도서관에는 '도서관 친구들'이 한국에 소개되기 이전에 이미 '도서관에 힘이 되는 사람들(도힘사)'이라는 이름으로 도서관 후원 활동이 일어나고 있었다. 도힘사는 2006년 이름을 도서관 친구들로 바꾸어 지금까지 활발하게 활동하고 있다.

힘이 주효했다.

광진도서관의 책들은 때로 '사람에 담겨서' 도서관 문 밖을 나선다. 광진도서관은 거동이 불편한 장애인이나 노인 등 독서가 힘든 조건에 있는 사람들에게 찾아가 책을 읽어주는 프로그램을 운영한다. 도서관에서 책과 사람을 동시에 빌려주는 셈이다. 사람과 책이 '합체'하는 일이라는 점에서 자연스럽게 도서관에서 '사람 책'을 '대출'하는 프로그램이 떠오른다. 도서관을 방문해서 정해진 시간 동안, 독특한 사연을 가진 사람을 만나 이야기를 듣는 이 프로그램은 처음 국내에 소개되었을 때 크게 화제가 된 바 있다. 책과 사람을 함께 빌려주는 광진도서관의 프로그램은 '사람 책' 대출만큼 신선하면서 훨씬 따뜻하게 느껴진다.

또 도서관에서 다소 먼 지역에 사는 아이들에게 독서의 기회를 '배달'하기도 한다. 이 '찾아가는 독서 캠프'는 아이들에게 책과 도서관에 친숙해지는 시간을 만들어준다. 이런 정도라면 도서관은 가히 평생 교육 기관이자 복지 기관이라 할 수 있겠다.

도서관이 지역사회의 공동체를 가꾸어가는 모습은 도시의 모든 환경들이 소비를 위해 재편되고, 공공성을 띤 공간들이 축소되어가는 변화 속에서 일종의 치유 과정처럼 보인다. 사람들 사이에 끊어졌던 고리를 다시 잇고 더불어 사는 의미를 회복한다는 점에서 더 그러하다. 공동체라고 하면 아파트 반상회 정도만 간신히 남아 있는 서울에서, 의미 있는 공동체가 사라져가는 도시의 삶 속에서, 지역 도서관은 공동체를 다시 일상의 삶이 속한 근린으로 귀속시킨다.

**열정 넘치는
오지은 관장님을 만나다**

도서관 사서라고 하면 흔히 어떤 이미지를 떠올릴까? 한 올이라도 흐트러질 세라 머리카락을 질끈 올려 묶고, 뿔테 안경을 쓴 채, 깐깐해 보이는 표정을 지으며 책수레를 미는 나이 많은 여성 정도가 아닐까?

사서 출신인 오 관장님에게는 이런 전형적인 이미지가 썩 나쁘지만은 않은 듯하다. 사서 이미지를 묘사하자, 오 관장님은 직접 머리를 뒤로 올리는 시늉을 해 보이며 그 안에 숨은 의미를 설명했다. "사서는 오로지 책만 신경 쓰는 사람이라는 생각이 있어서 그런 이미지를 떠올리는 것이지요."

마치 요리사가 귀한 식재료를 다루듯, 사서는 행여 머리카락 하나라도 무심코 떨어질까 조심하며 책을 소중하게 관리하는 사람이라는 데에 공감한다는 뜻이겠다.

오 관장님은 관장이기 전에 사서였다. 대학에서 문헌정보학을 전공하고 성동구립도서관 사서 등 오랫동안 도서관의 일반 사서로 일하다 광진도서관에서 관장이 되었다. 도서관의 사소한 일까지 꼼꼼하게 챙기는 습관은 이런 경력에서 비롯된 것이다. 사서로 일하는 동안 도서관의 역할에 대해 진지하게 고민해온 오 관장님은 그 시간 동안 도서관에 대한 자기만의 철학이 단단하게 여물었다고 생각한다.

"사서 일을 시작하면서 도서관과 사서에 대한 철학을 세우기 위해서 이 책, 저 책 많이 뒤졌어요. 그런 와중에 『도서관, 세상을 바꾸는 힘』이란 책을 자비로 번역하기도 했지요. 공공도서관의 역사가 오래된 미국의 경험을 담고 있는 책인데 도서관과 사서의 역할에 위기가 왔을 때 어떻게 극복할 수 있는지에 대한 내용이 있어서 저에게 큰 자극이 되었지요."

이제는 광진도서관의 가장 소중한 자산이 된 도서관 친구들도 오 관장님이 함께 만든 것이다.

"제가 사서 과장일 때 주민들이 도서관을 위해 뭔가 하고 싶다고 찾아오셨어요. 그래서 도서관 친구들이라는 후원 모임 모델을 소개하고 제안해드렸죠. 지금은 이분들 덕에 저도 안심하고 일을 추진할 수 있습니다."

도서관 친구들이 이름 그대로 친구처럼 격의 없이, 편안하게 도서관 일에 '간섭'해달라는 뜻이었다.

"도서관 이용자는 제품을 소비하는 고객이 아니라, 도서관의 주인이에요. 그래서 도서관 10주년 행사에서 도서관 친구들을 비롯해서 주민 여러분들에게 이렇게 말씀드렸어요. '도서관이 10년이나 되었다는 것은 도서관 직원들이 아니라 여러분들이 기뻐할 일입니다. 우리는 판만 만들 테니 여러분들이 무대 위로 올라가세요.' 그랬더니 이후 멋진 모습들을 많이 보여주셨어요."

오 관장님을 만나기 며칠 전에, 신문에서 한 노숙자가 도서관에서 쫓겨났다는 기사를 보았다. 그 기사를 보니, 로테르담에 갔을 때 매일 아침 실업자들이 도서관으로 출근하는 모습을 보았던 기억이 떠올랐다. 입장에 비용이 들지 않는 도서관 같은 공간에는, 노숙자나 실업자 같은 사회적 약자들이 걸음을 하게 마련인데, 이에 대한 대처에 있어 두 나라의 도서관이 참 대조적이라는 생각이 늘던 차였다. 오 관장님이라면, 이런 사람들이 도서관을 찾는 것에 대해 어떤 의견을 갖고 있을까?

"실제로 경기가 안 좋으면 도서관 이용자가 늘어나요. 또 은퇴

한 베이비붐 세대들이 매일 산에만 갈 수도 없겠지요. 사람들에게 자립의 기회 혹은 다른 삶의 기회를 줄 수 있다는 점에서 도서관은 진정한 의미의 복지 기관입니다. 소란을 피운다고 쫓아내기만 할 일이 아니죠. 예전에 저희 도서관에 자주 오시는 분 중에 사서들에게 돌아가면서 소송을 거는 분이 있었어요. 정신질환을 앓는 분이었죠. 그래서 제가 만나서 같이 물을 마시면서 손을 잡고 인사를 드렸더니, 나중에 '사죄의 글'을 남겨두고 가시더라고요. 이런 분들에게 도서관 같은 공공기관이 더 관심을 가져야 하는 것 아닌가 생각합니다."

광진도서관에서는 다양하고 특별한 프로그램도 많이 기획한다. 여기서 처음 기획되었다가 점차 다른 공공도서관으로 퍼져나간 프로그램도 적지 않다. 그 비결이 무엇일까?

"도서관은 사회가 필요로 하는 학습 콘텐츠를 제공해야 해요. 일반적인 교양 강좌를 넘어설 필요도 있지요. 장년층의 자서전 쓰기를 돕는 일도 그렇지만, 교육 현장에서 현실적으로 미흡한 부분들을 보완하는 일도 도서관이 할 일이에요. 예컨대 과학 교육을 보면, '인지—적용—추론—평가'의 단계를 거쳐야 과학적인 사고의 학습이 완성되죠. 그런데 학교에서는 교과 과정의 진도를 나가야 하는 현실적인 어려움 때문에 인지와 추론만 하고 바로 평가 단계로 넘어가기도 해요. 이럴 때 도서관은 과학 교육의 적용 단계를 보완해줄 수 있어요. 공대생 언니 오빠들이 찾아와 동생들을 돌봐주는 형식으로요. 놀이처럼 진행되는 과학 실험이라서 아이들의 학습 효과도 높아지지요." 이 과학 프로그램은 신청하는 학부모들이 너무 많아 모두 수용하기 어려울 지경이라는 말에, 오 관장님의 자부심이 느껴진다.

지금 오 관장님이 관심을 두고 있는 주제는 도시 농업이다. 관련 서적을 열심히 탐독하며 연구 중이다. 책장에 꽂혀 있는 관련 서적을 꺼내어 펴보니 여기저기 밑줄이 가득하다.

"도서관이 할 수 있는 교육의 주제는 무궁무진합니다. 특히 도시 농업은 우리 아이들 세대에 아주 중요한 주제가 될 거예요. 세계화된 농업 시장은 세계 경제의 영향 하에서 의도치 않게 식량난을 유발하게 될 겁니다. 우리나라도 이런 위험에서 자유롭지는 못하죠. 도시 농업은 소박하지만 그 대안이 될 수 있어요. 곧 도서관의 옥상 정원을 모두 텃밭으로 바꿀 거예요. 200평이 넘는 공간에서 아이들이 벼와 고추 같은 것을 직접 길러볼 수 있도록 만들려고요. 도시 농업은 식량 문제뿐만 아니라 환경, 도시 경관과도 관련이 있어 아이들에게 여러 가지 문제를 융합해서 교육할 수 있는 기회입니다."

광진도서관에서 도서관은 더 이상 책을 보관하고 빌려주기만 하는 곳이 아니다. 사회가 필요로 하는 새롭고 유익한 교육 자원을 적극적으로 탐구하고 개발하는 곳이다. 분명한 목표를 가진 도서관장의 구체적인 실천들이 도서관은 물론, 동네의 모습을 꾸준히 변화시키고 있다.

03
도서관은 도시와 함께 나이 든다

부산광역시립시민도서관

강예린

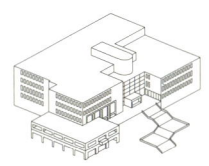

**도서관은
기억과 역사의
가운데 이름**

소설 『장미의 이름』으로 유명한 이탈리아의 기호학자 움베르토 에코(Umberto Eco)에 따르면 아프리카의 어느 부족은 마을 노인이 죽었을 때, "도서관에 불이 났다."고 표현한다. 지혜의 깊이를 강조하기 위해서 노인을 도서관에 비유한 것이다. 함축적이고도 일리 있다. 사람은 살아가면서 마을에서 벌어진 일들을 기억하니까, 노인의 삶은 마을 역사의 제법 긴 구간을 기록하고 있는, 살아 있는 아카이브다.

반대로 도서관을 의인화해서 상상했을 때도 나이 많은 노인이 그려지지 젊은이나 어린이가 떠오르진 않는다. 도서관은 나이가 많은, 그래서 지혜로운 장소다. 왜 그런지 곰곰이 생각해보면, 도서관의 본분이 아카이브라는 점이 떠오른다. 아카이브는 시간을 상대하므로, 도서관은 그 자체로 이미 노인을 닮아 있다. 시간이 흐를수록 더욱 원숙해지는 노인이다. 아카이브가 점점 더 충실해지기 때문이다. 책을 담는 도서관은 시간에 대응하는 물리적인 용기이다. 도서관은 저장을 통해 불완전한 인간의 기억을 보완한다. 인간의 기억이 끊기는 순간에 도서관이 시작된다. 그래서 아카이브(archive)의 어원은 '근원을 기록하다(archivium)'이다.

실제로 도서관은 기억의 힘을 믿는 사람들이 만들기 시작했다고 한다. 고대 지중해에 세워진, 세계 최초의 도서관으로 알려진 알렉산드리아도서관의 사서들은 과거가 현재의 근원임을 깨닫고, 과거에 기록된 것들 혹은 기록할 수 있는 것들을 모으려 애썼다.•

우리가 과거의 책을 읽는 것은 동시에 새로운 책을 탄생시키는 것과 같다. 새로운 시간을 써내려가는 것이다. 그렇다면 도서관은 기억과 역사의 '가운데 이름'이다.

동서양의 역사에서 도서관 파괴가 빈번히 일어난 것도, 기억을 지우고자 하는 이들이 있었기 때문이다. 중국 진시황의 분서갱유, 19세기 초 영국군의 미국의회도서관 방화, 1차대전 당시 나치의 벨기에 루뱅가톨릭대 도서관 파괴, 문화혁명 때 중국의, 티베트 최대 도서관, 사카사의 본당 라캉첸모 파괴는 모두 기억을 지우고 대체하려 했던 폭력이었다.

한반도의 도서관 역시 역사와 민족 정체성을 둘러싼 싸움의 한가운데서 태동했다. 대한제국 말기 나라의 존립이 위태로운 상황에서 평양의 '대동서관', 경성의 '한국도서관'을 지은 것은 계몽을 통해 나라를 구하려는 구국 운동의 일환이었다. 그래서 일본은 대한제국의 국권을 침탈하면서 이곳의 장서도 몰수해갔다. 책이 있는 한, 조선과 대한제국의 정체성이 환기되기 때문이다. 이 땅에 도서관이 다시 등장하게 된 것은 3·1운동

• 알베르토 망구엘, 강주헌 옮김, 『밤의 도서관』, 세종서적, 36쪽

이후 일제의 이른바 문화통치가 시행되고 나서였다. 교육과 문화 활동이 부분적으로나마 허용되면서, 그리고 한반도에 사는 일본인들이 많아지면서 경성도서관, 부산부립도서관 등이 서울의 명동, 부산의 용두산 같은 일본인 거류지에 지어지기 시작했다. 그러나 이 도서관들은 일본인들을 위한 것이었다고 보는 것이 옳다.

하지만 일본이 물러나고 난 후에도 이들 도서관은 여기에 남아서 계속 자라고 또 늙어왔다. 부산부립도서관에서 시작한 부산광역시립시민도서관(이하 부산시민도서관)은 이제 태어난 지 한 세기를 막 넘겼다. 몇 백 년의 역사를 뽐내는 유럽의 명문 도서관들보다는 짧은 역사지만, 한 세기 정도면 부산시립도서관도 제법 연륜이 쌓인 셈이다. 부산시민도서관의 얼굴을 보면 도서관은 어떻게 나이를 먹는지 알 수 있을 것도 같다.

도서관 입지의 지정학

부산시민도서관은 처음 지어진 용두산에 그대로 머무르지 않고 몇몇 장소를 거쳐왔는데 그 경로는 크게 해안에서 내륙으로의 이동이라 볼 수 있다. 도서관 이사에는 여러 사정과 이유가 있겠지만 식민 통치의 기억에서 벗어나기 위함도 그중 하나였을 것이다.

식민 통치를 경험한 나라들은 보통 해안을 지배의 공간으로 기억한다. 제국주의는 대항해 시대에 이루어진 발견이 폭력적 수탈로 이어진 것이고, 이 수탈은 배가 정박할 수 있는 해안을 중심으로 일어났기 때문이다. 브라질이 수도를 리우데자네

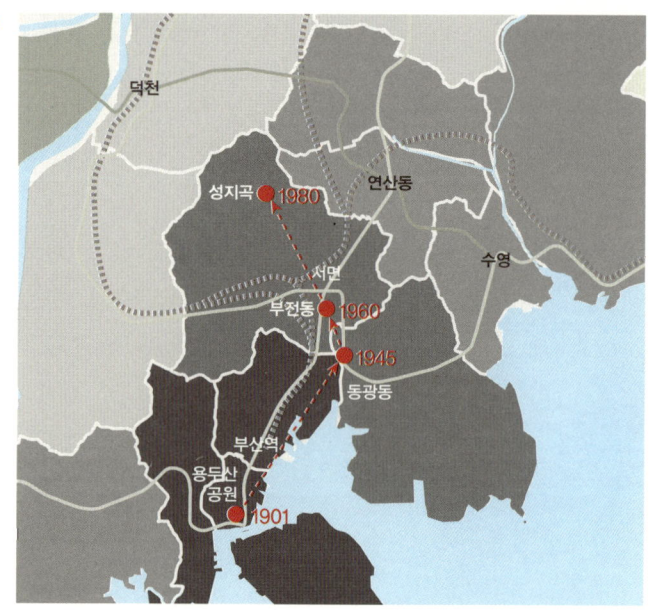

부산시민도서관의 이전 과정

이루에서 내륙의 브라질리아로 이전한 것도 식민지의 기억을 덮기 위해서였다.

부산시민도서관은 해안가에 있던 일본의 조계지(租界地)에서 시작해서 해방 후 내륙의 중심 공간으로 이주하며, 새로운 장소와 기억을 만들고자 했다. 부산시민도서관의 모체는 앞서 언급한 부산부립도서관으로 이는 원래 일본 상인들의 모임인 홍도회 부산지부 사무실에 있던 서재를 확장해서 용두산 공원에 새로 지은 것이다. 이때는 재한 일본인을 주요 대상으로 했고, 책 역시 일본 책과 몇 권의 외서가 전부였다.

해방되자마자 부산부립도서관은 부산교육위원회에 넘겨졌고, 대한민국을 위한 도서관으로 거듭나고자 했다. 그 첫째로 한 일이 이사 가는 것이었다. 식민지의 경험을 상기시키는

1945년 12월부터 1963년 7월까지 현재 동광동 반동호텔 자리에 자리 잡고 있던 부산시립도서관 모습
(출처: 『부산시민도서관100년사』)

장소와 거리를 두고 더 내륙인 동광동으로, 다시 더 중심지인 부전동으로 계속 이전했다. 지금은 접근성이 다소 떨어지는 성지곡의 산자락에, 시민공원을 마주한 곳에 서 있다.

서울의 남산도서관도, 상대적으로 중심에 가까운 남대문에서 접근성이 떨어지는 남산으로 올라간 역사가 있다.● 이용자의 동선을 고려한 자연스러운 입지는 아니다. 일제의 지배를 상징하는 신사가 있던 산에 독립운동가들의 동상을 세우고, 다시 대한민국 시민의 공원으로 조성하는 계획의 일환으로 도서관을 지은 것이다.

성지곡도 일제시대에 최초의 근대적인 상수 시설이 있었던 곳이다. 신사와 상수 시설은 그 역할이 다르기는 하지만 일제시대의 기억을 상기시킨다는 점에서는 공통적이다. 지금 남산과 성지곡은 도서관, 식물원, 과학관, 놀이공원 등과 같은 공간

● 이수연, '남산 내 공원이 시대적 변화 분석을 통한 공원 활용의 변화에 대한 연구', 『대한건축학회 학술발표대회 논문집』 제29권 제1호, 2009, 415~418쪽

부산시민도서관이 부전동에 있을 당시의 모습.(좌) 지금은 부전도서관이 되었다.(우)
(출처: 『부산시민도서관100년사』)

이 새로 조성됨으로써 어두웠던 과거의 기억도 꾸준히 갱신되고 있다. 성지곡의 부산광역시립 '시민'도서관은 그 이름을 통해 누구를 위한 도서관인지를 끊임없이 강조하고 있는 것 같다.

도서관 내부의 나이테

부산시민도서관이 마주한 시민공원은 그 풍광이 빼어나다. 그래서 이 건물을 지은 건축가는 코앞의 파노라마들을 어떻게든 도서관 안으로 끌어들이고자 한 것 같다. 출입구로 이어지는 높은 원형 계단을 처음 보았을 때는 공공시설이 자주 취하는, 예의 그 '위엄을 부리는 태도'인가 했다. 하지만 계단을 올라가서 창밖의 풍경을 본 뒤에는 생각을 고치게 되었다. 경사진 땅에서 건축 기준면을, 낮은 쪽이 아닌 높은 쪽에 두어 땅을 덜 파냄으로써 도서관 계단만 오르면 주변 풍광에 쉽게 눈높이

도서관 내부의 원형 계단. 안팎의 풍경을 고루 감상할 수 있다.

를 맞출 수 있도록 한 것이다.

　실제로 도서관 전면을 거의 차지하고 있는 도서관 홀은 자연을 끌어다 내부에 앉힐 수 있도록 유리창으로 싸여 있다. 사람의 시선이 안팎의 풍광을 절반씩 거쳐 갈 수 있도록 빛이 사는 빈방 하나를 만든 뒤 사람이 지나갈 수 있는 원형 계단을 놓은 것이다. 이 계단을 따라 올라가다 보면 자연스럽게 바깥과 안을 번갈아 바라보게 된다. 이 간단한 설계 덕분에 여타 도서관보다 환한 분위기에서 열람실로 들어갈 수 있다. 휴식을 취할 수 있는 공용 공간이 있어도 잘 이용되지 않는 다른 도서관에 비해, 빛의 공간은 확실히 사람들을 많이 품어낸다. 꽤 많은 사람들이 도서관 홀을 이용한다.

부산시민도서관은 외부 인상만 언뜻 보아서는 세월이 가늠되지 않는다. 물론 계속 이사한 탓에 이 건물은 100년의 역사 중 1/3만 차지하고 있으니 중후한 근대 건축을 기대한 것은 아니다. 하지만 지나치게 새것 같다. 얼마 전에 적갈색 타일로 외부를 도배해서 그렇다. 새 소재를 덧붙이면 건물에 시간이 배어든 느낌이 많이 없어진다. 유달리 새 건물을 좋아하는 사회이긴 하지만 '응당 노인이어야 할' 도서관마저 자연스럽게 늙도록 내버려두지 않는 것은 못내 아쉽다. 또 다른 순환 후에 다시 도서관 리노베이션이 필요해졌을 때에는, 부산도서관이 가진 나이의 위용을 드러내는 방법으로 계획되기를 기대해본다.

도서관의 세월은 외부보다는 내부에서 볼 수 있다. 특히 그 공간 이용 방식에서 그렇다. 도서관의 정의와 쓰임새가 처음 건축물을 세웠을 때와 달라지면서 그 공간이 변형되어 쓰이는 모습이 눈에 띈다. 처음 도서관이 설계된 1980년대 초반만 하더라도 도서관들은 대개 사서를 통해서 책을 출납하는 폐가식 도서관이었다. 이용자는 직접 서고로 가서 책을 골라서 뽑을 수 없었고, 대출 카드로 책을 신청한 뒤 사서에게 건네받아야 했다. 책은 사서들의 손을 타고 이용자에게 전해졌다. 이용자가 직접 책을 뽑아오는 개가식 도서관이라면 서고와 열람실의 구

개관식 당시의 부산시민도서관 모습(위)과 현재 모습(아래)(자료 제공: 부산시민도서관)

분이 불필요하지만, 폐가식 도서관에서는 이 둘이 철저하게 분리된다. 그래서 서고는 열람 공간과 떨어져 주로 건물 뒤편에 배치되었다. 그리고 사서들의 공간이 이용자와 책 사이를 매개해주었다.

그로부터 5, 6년쯤 지나자 도서관들은 대부분 서가를 여는 개가식으로 변모했다. 출판업이 발달하면서 도서관은 책을 보관하는 역할보다는, 책의 이용을 장려하는 역할이 더 강조되기 시작한 것이다. 이제 사용자들이 책에 직접 다가갈 수 있게 되었고, 서가와 이용자들의 열람 공간도 통합되었다. 그래서 부산시민도서관의 초기 도면을 보면 이용자 공간과 서가가 구분되어 있는데, 지금은 홀을 통해 이용자가 모든 서가로 직접 들어갈 수 있게 되어 있다.

폐가식 도서관 시절에는 관내로 한정되던 대출이 도서관 밖 관외 대출로 확장되면서, 도서관을 빠져나가는 책을 단속하는 문이 하나 더 만들어졌다. 도서관 1층 입구에 있는 '대출실'은 도서관을 드나드는 책의 통로인 셈이다.

이런 상황은 1980년대 말 바코드가 들어오면서 다시 한번 바뀌었다. 책도 다른 물건들과 마찬가지로 디지털 관리의 영역으로 들어섰고, 대출실이라는 물리적인 통로가 아닌 바코드 인식기라는 가상(virtual)의 통로를 통해 드나들게 되었다. 이제 도서관을 빠져나가는 문은 서가에서 미리 관리된다. 인문·사회과학실, 자연·기술과학실, 어·문학실 등 주요 열람실이 있는 2층 휴식 공간은 바코드 영역으로 둘러져 있는 셈이다.

책을 이용하는 방식도 다채로워지면서 자연스럽게 증가한

폐가식 도서관 시절, 대출 카드를 찾는 사람들이 있는 도서관 풍경 (출처: 「부산시민도서관100년사」)

자료 검색, 스캔, 복사, 노트북 이용 공간도 2층 홀의 일부를 차지하고 있다. 만들어질 당시에는 짐작할 수조차 없던 이런 변화는 기존 공간을 다르게 정의하고 이용함으로써 채워진다. 시대의 필요에 맞추어 내부 공간의 이용 방식을 변형시킨 모습이 그 자체로 도서관의 나이테처럼 느껴진다.

부산의 역사를 기록하는 도서관

인도는 물론 세계가 존경하는 문헌정보학자 랑가나단(Shiyali Ramamrita Ranganathan)은 '도서관학 5법칙'이라는 것을 만든 바 있다. 모든 도서관에 적용할 만한 가장 기본적인 법칙을 세운 것이다. 그 5법칙은 다음과 같다. (1)책은 이용하기 위한 것이다, (2)책은 모든 사람을 위해서 존재한다, (3)모든 책은 그 독자에게로, (4)독자의 시간을 절약하라, (5)도서관은 성장하는 유기체이다.

이 중 마지막 항목은 도서관이 시대나 사회적 상황에 따라 계속 변모하면서 양적으로는 물론 질적으로 성장한다는 것을 뜻한다. 도서관은 정적인 상태가 아니라 끊임없이 변화하는 동적인 상태에 있어야 한다는 뜻이다. 이 마지막 문장을 살짝 빌려 이야기하자면, 부산시민도서관은 '부산'을 토대로 성장하는 유기체다.

부산시민도서관은 지역 대표 도서관●으로써, 문을 연 이래 계속 보존 가치가 있는 부산 관련 자료, 즉 부산을 설명하는 자료들을 기록해왔다. 1945년 해방되던 해에 소장하고 있던 2만 2413권의 책들은 거의 모두 고스란히 남아 고문헌자료실에 있다. 여기에 2만 4397점의 해방 전 자료들과, 근대 한일 외교 관계 관련 자료, 한국 국회 비소장 자료 등이 더해져서 이곳 아니면 알 수 없는 부산 땅의 역사가 모여 있다. 이런 자료들은 지역 전문가의 손을 거쳐 이용되기 쉬운 자료로 데이터베이스화되고 있다.

또 부산시민도서관을 중심으로 부산 전체의 도서관이 하나의 아카이브처럼 움직인다. 아직 의무 사항으로 완벽하게 정착되지는 않았지만 경남 지역에서 나온 책과 자료들은 대표 도서관인 부산시민도서관으로 지역 납본이 실시되고 있다. 도서관이 부산의 모든 시간을 기록하고 내용을 공유하는, 지혜로운 노인들의 원로회 같은 역할을 하는 셈이다.

이 많은 자료 때문에 포화에 이른 서고를 해결하기 위해 몇 년 전부터 공동 보존서고●●가 이야기되고 있다. 아카이브는 공간을 계속 소비해야 하고, 기록은 중단되어서는 안 되니

● 지역 대표 도서관은 국립중앙도서관이 하는 국가의 아카이브 역할을, 지방분권 시대에 맞추어 지방에서 나누어 수행하기 위해 만들어졌다. 부산시민도서관은 2008년에 지역 대표 도서관으로 선정되었다.

●● 공동 보존서고란 개별 도서관 서고의 공간 부족을 해결하고, 특정 지역 내 자료를 체계적으로 관리할 수 있도록 만든 것이다. 도서관법 23조에 따라 지역 대표 도서관은 지역의 도서관 자료 수집을 지원하고 다른 도서관에서 이관받은 자료를 보존해야 하는데 공동 보존서고는 이를 돕는 물리적인 장소가 된다.

보르헤스(Jorge Luis Borges)의 소설집 『픽션들』에 나오는 '바벨의 도서관'˙처럼 무한 확장되는 공간으로 사방팔방 서고가 확장되지 않는 한, 개별 도서관으로는 뾰족한 방도가 없다. 나이 먹는 도서관의 고민은 결국 이 많은 지식을 어떻게 다 담아낼 것인가 하는 것이다.

매년 이 나라 전체에는 약 4만 권의 도서가 출판된다. 1제곱미터의 공간에 책을 100권 정도 수용한다고 가정하면, 이 모든 책을 수용하기 위해서는 400제곱미터의 공간이 매해 증축되어야 한다. 어림셈으로도 도서관 공간은 20년마다 2배로 증가해야 한다.

400여 년의 역사가 있는 영국 옥스퍼드대학교의 보들리언 도서관(Bodleian Library)은 장서가 1100만 권에 달하는데 해마다 3.2킬로미터씩 확장해온 서가가 현재 190킬로미터에 이른다고 한다. 이것은 보들리언도서관의 자랑이자 동시에 극복해야 할 과제일 것이다. 속도의 차이는 있다 해도 부산시민도서관 역시 같은 과제를 가지고 있다. 도서관은 지역 공동 서고라는 아카이브 체계를 통해 앞으로 올 시간을 더 지혜롭게 살아내려고 한다.

˙
『픽션들』에 나오는 단편 「바벨의 도서관」에 등장하는 '바벨의 도서관'은 육각형의 진열실(열람실)이 무한 반복되어 연결된 '우주'처럼 묘사되고 있다. 가장 작은 단위가 되는 열람실은 육각형으로, 이 중 네 면에는 책장이 있고 두 면은 옆의 열람실과 연결되어 있다. 아래위로 뚫린 곳을 통해서 다른 진열실들이 끝없이 보인다.

고문헌자료실의 문헌 해제자
정세영 선생님을 만나다

도서관들은 보통 새로 나온 책을 중심으로 소개하지만, 부산시민도서관은 거기에 더해 도서관 초기의 기록들까지 성실하게 소개하고 있다. 이 작업의 중심에는 고문헌자료실이 있다. 부산시민도서관은 부산대학교와 함께, 소장하고 있는 귀중본을 요약한 해제집을 만들어 필요한 사람들에게 보내고 있다.

현재 도서관에서 오래된 자료들을 해제하는 작업을 하고 있는 정세영 선생님을 만났다. 원래 고등학교 일본어 교사였던 정 선생님은 은퇴 이후 새롭게 자리 잡은 부산시민도서관에서 광복 전후 일서 자료를 요약, 해제하는 일을 해오고 있다.

Q 어떻게 도서관에서 문헌 해제 일을 하게 되었나요?
예전에 국가기록원에서 불러서 일제시대 재판 기록 중에 일제 광주 학생 사건 관련 재판 기록을 번역한 것이 계기가 되어서 여기까지 왔지요. 벌써 10년 정도 되었나? 처음 여기 와서 보니 자료들이 오래된 순으로 색인카드로 정리되어 있더라고요. 2년 정도 시간을 들여 이 책들을 '저자, 간단 내용'으로 정리해서 (검색이 쉽게) 컴퓨터에 옮겼지요. 그리고 책이 해지는 것 때문에, 조선 관계 서적들은 따로 사본을 만들어놓았어요.

Q 부산시민도서관에는 주로 어떤 책들이 보관되어 있나요?
약 1/3은 조선총독부의 이른바 조선 시정 관계 자료입니다. 부산 것도 있고, 조선 전체도 있어요. 나머지는 일본인을 위한 일본 책들이지요. 총독부의 정치와 행정에 관한 보고서, 통계표, 각 지역의 특수 시설, 위생 관계, 조선인 관련 통계 등이 있습니다.

Q 이런 책들은 여기에만 있나요?

다 있었겠지만 6·25를 거치면서 많이 없어졌죠. 부산은 피난민이 내려오긴 했어도 전쟁을 비껴갔으니까 남아 있는 것이지요. 대구에도 일부 있다고 해요. 출발은 이렇습니다. 이 도서관 역사가 115년은 됩니다. 한일합방 전에도 일본 사람들이 무역을 하러 많이 왔지만, 조선은 개항해주지 않았습니다. 일본인들은 초량에 총영사관을 짓고, 거류인단을 만듭니다. 일본인들도 많이 모이면 단체를 만들더군요. 거기서 뭘 하나 봤더니 교육 사업을 하더라고요. 중학생 이상은 본토로 보낸다 해도 초등학교는 바로 만듭니다. 일본인들이 다니는 학교를 만들고 도서관도 만들었는데 그게 시작이죠.

Q 100년쯤 지났으니 국어도 많이 변했겠지요. 일본에 강점된 역사가 있었으니 당시 일본어로 된 기록도 많을 것 같고요.

합방 후에는 반일 감정 때문에 1900년 초부터 해방 전까지 모아두었던 3만 권의 책을 이곳에 그냥 내버려두었어요. 일제 말기의 서적 목록을 보니, 합방 후 일본이 발간한 많은 책들이 다 없어졌더라고요. 부산은 6·25의 영향을 덜 받아서 그나마 무사했던 것이지요. 그러다가 1964년 부산대학교 김의환 교수님께 당시 부산시민도서관 관장님이 해제를 부탁했죠. 일본 관련 문서 말고도 「포은시고」니 「구운몽」이니 하는 옛 사료노 이미 삭업이 뇌어 있습니다. 제가 지금 하고 있는 해제집의 초기 1~4권은 김의환 교수님이 해제한 뒤 근 30년간 안 하다가 (고문화특성화도서관으로

1998년 선정되면서) 제가 5권부터 참여했지요. 김의환 교수님이 제가 한일 외교 관계에 대한 문서를 해제한 것을 보시고는, '자네는 일제시대를 살아서 이해를 더 잘하니 계속 이어서 해라' 하셨어요.

Q 그러면 김의환 선생님이 조선시대나 그 이전 자료를 주로 해제하시고, 정 선생님은 한일 관계 자료 해제를 하시나요?

이 도서관에 합방 전 일본과 구한말의 여러 가지 외교 문서가 있어요. 일본과의 외교를 동래부가 위임받았거든요. 이때 오갔던 교섭 문서를 보면 합방 이전에 일본이 우리 외교 관계를 장악하려는 게 보여요. 일본의 야심이 있어요. 여기서 문서들을 보면 참 기가 찹니다. 부산이 일본에서 가장 가까우니까 조·일 외교 관련한 일의 일부가 아예 동래부로 오기도 했어요. 일본총영사관은 일본어로 작성하고 동래부사는 한문으로 작성했지요. 예컨대 일본인이 갑자기 많이 늘어나니까, 지금의 부산교대 근처에 선을 긋고 여기 넘어오지 말라, 처벌하겠다 하는 그런 문서도 있어요. 이런

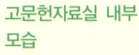
고문헌자료실 내부 모습

것들 위주로 해제를 시작했습니다.

Q 이렇게 해제되지 않으면, 어떤 자료가 있는지 알기 어려울 것 같습니다. 해제된 자료는 어떻게 이용되나요?

도서관에서 '부산시민도서관 소장 귀중본' 도서 해제집을 계속 냅니다. 부산대학교에 감수받고 정식으로 출판하지요. ISBN도 있어요. 그리고 필요할 만한 이들에게 보냅니다. 또 가끔 대학생들이 논문 때문에 오거나, 일본의 유명 대학 교수들이 와서 번역을 부탁하기도 합니다.

Q 일본 사람들은 왜 오나요?

어떤 일본 사람에게 물어봤죠. 100년 가까이 되어서 고물이 된 책을 왜 보십니까, 혹시 아직도 한국에 대한 그릇된 야망이 있는 것 아닙니까 했더니 웃습디다. 그런 게 아니라 자기 할아버지가 부산에 산 적이 있어서 어떤 곳인지 알고 싶었다고 해요.

Q 일본 사람들은 주로 무슨 자료들을 요청하나요?

합방 전에 간행된 신문이 3층에 있는데 한자투성이에요. 학자들을 위해 만든 복잡하고 어려운 신문인데, 일본인들이 어떻게 알고 여기까지 와서 번역해 달라 해서 번역해서 보내기도 합니다. 합방 전 일본 사람이 우리나라 고아원에 관심을 가진 것, 부산의 하수구 연구 같은 것들도 요청하지요. 왜 일본인이 이런 것에 관심이 있는지 저도 궁금해요.

Q 해제집 한 권에 60~100권의 책을 요약해서 설명하시는데요. 작업량이 만만치 않을 것 같습니다. 작업은 어떻게 하시나요?

서문은 꼭 읽고, 목차를 보고 본문도 일부는 읽습니다. 중요한 것은 추려내고요. 그러나 그 몇 백 페이지를 어찌 다 읽습니까. 그래도 내용을 전체적으로 훑지요. 그러는 데 1년이 걸려요. 저는 한 달에 13일을 근무하는데 시간이 모자라서 집에서도 합니다. A4 400쪽의 간단한 해제로 이루어진 것이지만 1년 안에는 전문가도 못해요. 일단 처음에는 손으로 정리해두고, 컴퓨터로 옮깁니다. 이제 힘이 달려서 옮기는 게 힘들어요.

Q 역사 지리나 근대 건축을 공부하시는 분들이 좋아할 만한 자료인 듯합니다. 사람들이 읽었으면 하는 글들을 소개해주세요.

해제집 8권에 있는 「쇼와 30년의 조선」이 재미있습니다. 일본이 1945년, 즉 쇼와 20년에 망했거든요. 그러니까 망할 줄도 모르고 조선의 미래를 바라본 거예요.

Q 일본 나름대로 구상한, 조선의 미래에 대한 청사진인가 보군요. 경부간을 다섯 시간에 달리는 특급 열차와 금강산국립공원에 대한 계획도 보여요. 흥미롭네요.

이것도 봐야 해요. 「인삼사」는 놀라워요. 이마무라 도모라는 사람이 조선의 인삼에 관심이 있었는데 당시 전매청이 책을 써보라고 한 거예요. 인삼 편년기, 인삼 경제편, 인삼 정치편……. 인삼에도 정치가 있을 거 아닙니까. 이런 것을 7권에 걸쳐서 쓴 거예요. 여기에는 일본에서 인삼인 줄 알고 캐냈는데 무였더라, 중국에서 인삼인 줄 알고 캐낸 것은 모양이 조선 것처럼 사람 같지 않더라, 이런 이야기도 있어요. 인삼이 무역에서 중요한 역할을 했거든요.

고문서를 펴 들고
보여주는 정 선생님

그러니 일본인이 관심이 있었던 것이지요. 여기 전문을 다 복사해놓았는데 누가 와서 봐줬으면 좋겠어요. 시간이 있으면 나도 전편을 번역하고 싶어요.

Q 요약 소개를 넘어서 전문을 번역해야 할 만큼 중요한 글들도 많은 것 같아요.
특히 한일합방 전후해서 한일 관계의 외교 문서를 김의환 선생님이 요약해서 해제했는데 여기에 내용을 더 붙여야 하지 않나 생각해요. 그런데 나 이후에 이것을 할 사람이 없어요. 누군가 뒤를 이었으면 좋겠는데, 지금은 일본어를 하는 사람들도 오래된 단어를 모르니까 아무래도 하기 어렵지요. 그렇다고 일본 사람을 고용하겠어요? 그것도 안 될 일이지요.

Q 지금까지 작업을 얼마나 하셨나요?
지금 벌써 9권의 감수를 기다리고 있어요. 부산대학교에서 감수를 받고 오면 교정에만 3일을 소요해요. 그래도 모자라죠. 그게 참 희한해요. 번역에서 원고 수정까지 혼자 하니 틀린 글자가 안 보이더군요. 그래서 사람들이 (요약 해제본을 보고) 관심 있는 책은 원시를 봐줬으면 해요.

04
자연 속에서 책을 누리는 집

숲속작은도서관 / 관악산숲속도서관 / 농부네텃밭도서관

강예린

도서관이 숲으로 간 이유

우리나라 도서관들은 도시 외곽의 공원이나 산 언저리에 자리 잡고 있는 경우가 많다. 특히 지은 지 얼마 되지 않은 도서관은 대부분 녹지에 있다. 접근하기 쉬운 도심보다 자연을 택한 이유는 무엇일까? 한국에서 도서관 문화가 자라나기 시작한 것이, 이미 도시 구조가 웬만큼 짜인 다음이기 때문이다. 도시 중심부에는 이미 상업 업무 시설이 빼곡하게 들어서 있어서 빈 땅을 찾기도 힘들고, 찾더라도 도서관처럼 이윤을 창출하지 않는 공공 건물이 높은 지가를 감당하기가 버겁다. 그래서 택한 것이 외곽의 녹지나 공원의 귀퉁이다.

도서관이 오래전부터 발달한 서양의 경우, 도시가 개발의 소용돌이에 빠지기 훨씬 이전부터 중심부에 도서관 같은 공공 건물이 똬리를 틀 수 있었다. 영국의 경우 1940~90년대 런던 외곽에 신도시를 지을 때 도서관을 도시 기반 시설로 정착시켜 사람들의 왕래가 많은 지역에 자리 잡도록 했다. 가장 성공적인 신도시라고 하는 밀턴킨즈(Milton Keynes)의 경우 쇼핑 단

공원녹지지역에 있는 도서관을 빨간 점으로, 기타 지역에 있는 도서관을 검은 점으로 표시했다. 서울시의 많은 주요 도서관이 녹지지역에 있음을 알 수 있다.

지, 기차역, 종합병원 같은 시설과 거의 같은 시기에 도서관이 지어졌다. 처음부터 도서관이 일상의 결절 지점에 있도록 설계한 것이다.

 그러나 우리나라는 서울만 보더라도 도서관이 도심지에 있는 경우는 거의 없다. 중심에 있다고 해도, 남산도서관처럼 산 위에 올라가 있어서 접근성은 떨어진다. 도시 계획상 자연녹지지역이나 공원은 도서관 부지를 고민할 때 가장 쉬운 선택지로 자리 잡았다. 땅값이 오를 대로 오른 서울, 경기 지역에서는 자연녹지만큼 관의 손이 쉽게 닿는 곳이 없다. 그래서 우리의 도서관 옆에는 대개 나무와 풀, 혹은 산이 있다.

그런데 이렇게 높은 지대 때문에 어쩔 수 없이 자연녹지를 택하는 경우 말고, 적극적인 의미에서 자연녹지를 택한 사례들도 늘고 있다. 서울숲에 있는 도서관, 인천의 여러 공원에 자리한 작은도서관들이 그렇다. 경북 청송의 주왕산, 부산의 백양산과 윤산, 강원도의 매봉산 등에서는 숲속도서관이라는 이름으로 숲이나 공원에 작은도서관이나 도서 부스를 조성했다. 마치 마을문고가 관리 사무소, 동사무소, 마을회관, 학교, 지하철 역을 우선적으로 점유한 다음에 새로운 대안으로 녹지를 택한 것처럼 읽히기도 한다.

자연 속에 도서관을 짓는 것은 가까운 곳에서 자연을 느끼고 싶은 도시인들의 소박한 바람과 결합하면서 하나의 흐름이 된 듯하다. 이는 비교적 최근에 생겨난 흐름이지만, 자연 속에서 책을 읽는 것, 자연을 느끼면서 책에 빠져드는 것은 사실 완전히 새로운 것은 아니다. 오히려 아주 오랜 역사를 가진, 독서의 한 가지 유형이라 할 수 있다.

자연 속에 서재를 짓다

허경진 선생이 쓴 『조선의 르네상스인 중인』에 따르면, 골짜기가 많은 인왕산에는 중인 출신 지식인들이 올라가 자신만의 서재를 짓고는 책을 읽고 시를 지으며 문학을 했다. 천수경의 '송석원(松石園)', 장혼의 '이이엄(而已广)', 임득명의 '송월시헌(松

月詩軒)', 이경연의 '옥계정사(玉溪精舍)', 김낙서의 '일섭원(日涉園)', 왕태의 '옥경산방(玉磬山房)'이 그런 지식인들이 지은 서재다.

자연 속에서 시문을 누리는 집은 보통 지붕과 바람을 막는 정도의 집(엄[广]), 지붕 아래 넓은 창이 있는 집(헌[軒]), 담장 정도로 주위와 구분되는 집(원[園]) 등 엄격한 체계를 갖춘 집이 아니라 눈, 비, 바람 정도를 피하는 정도로 단출한 집이다. 덧붙는 것이 별로 없으니, 자연을 가까이 끌어들일 수 있는 집의 유형이다. 검박한 처소를 짓고 자연을 느끼며 책 읽고 문학하는 것이 하나의 삶의 유형이었던 것이다.

조선시대에 중인을 가르치던 장혼이라는 사람은 옥류동 계곡에 '이이엄(而已广)'이라는 집을 짓고 자연과 천명에 따라 살면 그만(而已)인 삶을 지냈다.

"홀로 머물 때에는 낡은 거문고를 어루만지고 옛 책을 읽으면서 그 사이에 누웠다가 올려다보면 그만이고, 마음이 내키면 나가서 산기슭을 걸어다니면 그만이다. 손님이 오면 술상을 차리게 하고 시를 읊으면 그만이고, 흥이 도도해지면 휘파람 불고 노래를 부르면 그만이다. 배가 고프면 내 밥을 먹으면 그만이고, 목이 마르면 내 우물의 물을 마시면 그만이다. 추위와 더위에 따라 내 옷을 입으면 그만이고, 해가 지면 내 집에서 쉬면 그만이다. 비 오는 아침과 눈 내리는 낮, 저녁의 석양과 새벽의 달빛, 이같이 그윽한 삶의 신선은 바깥세상 사람들에게 말해 주기 어렵고, 말해 주어도 그들은 이해하지 못할 뿐이다."●

● 허경진, 「조선의 르네상스인 중인」, 랜덤하우스코리아, 2008, 79~80쪽

생활이 소박해지면 깨달음에 가까워지고, 책과 삶의 정중앙으로 들어갈 수 있다는 믿음이 있었던 것인가? 그는 이런 집에서 반드시 읽어야 할 '맑은 책 100부'를 선정하고 '맑은 경치 10가지'를 지정해서 자연의 맑음과 배움의 맑음을 함께 추구했다. 이 맑은 책 100부에는 주역, 고려사, 삼국사 등 역사책부터 시집, 이야기 책, 의서 등이 고루 포함되어 있다.

서양에도 장혼이 있다. 『월든』의 작가, 소로(Henry David Thoreau)는 월든 숲 속에 오두막을 짓고 자연에서 머리와 마음을 비우는 삶을 살았다. 소로는 우리의 정신이 가장 또렷또렷한 시간을 바쳐서 발돋움해 서듯이 책을 읽어야 한다고 했다. 동시에 단순한 독자로 그치지 않기 위해서는 책을 읽는 틈틈이 주위의 자연을 관찰하는 소요의 시간, 명상의 시간을 가져야 한다고 했다. 어쩌면 책 읽는 인간에게 제일 중요한 것은 아무것도 안 하면서 주변 풍광을 보고, 햇볕을 느끼는 시간일지도 모른다.

동서양 모두 자연에서 소요하며 책을 읽는 것은 조금 더 높은 경지에 닿고자 하는 마음과 통한다. 자연에서 머리를 맑게 헹구고 책을 읽는 것은 마음을 닦는 일에 가깝다.

현대에도 자연과 더불어 책을 즐기는 방법을 모색하는 사람들이 산에, 숲 속에, 논밭에 서가를 마련해두고, 자연이 주인인 도서관을 만들고 있다. 이런 공간에서, 도서관은 자연을 느낄 수 있는 외연을 넓혀주는 도구에 가깝다. 자연을 더 꼼꼼하게 들여다보는 길을 일러주든지, 자연을 천천히 둘러볼 수 있는 시간을 벌어주든지. 책은 자연과 도서관이 통해 있음을 알려주는 매개로 존재한다.

숲에서 책을 읽는다는 큰 전제는 공유하지만, 세부적인 면으로 들어가 보면 각 도서관들의 차이점도 발견된다. 오늘날 숲속에 자리한 도서관들은 저마다 조금씩 다른, 구체적인 목적을 세워놓았다.

뚝섬에 있는 숲속작은도서관은 책 읽는 공원 문화를 보급하고자 한다. 관악산에 있는 '관악산숲속도서관'은 생활터전에서 멀어진 숲을 가까이 할 수 있는 방법을 소개한다. '농부네텃밭도서관'은 불과 30~40년 만에 완전히 잃어버린, '땅을 살림하는 법'을 소개한다. 이들 모두는 책을 통해 자연을 간접적으로 읽어내는 것 못지않게 고개를 들고 주변의 자연을 직접 보고 체험하라고 말한다.

숲 속 작 은 도 서 관

**노니는 들,
뚝섬의 도서관**

뚝섬은 예부터 서울 땅의 유흥 공간 역할을 해왔다. 조선시대에는 임금이 사냥을 하는 곳이었고, 대한제국 시절에는 근대식 상수 시설인 '경성수도양수공장'이 세워졌던 곳이다. 해방 후에도 전차를 타고 종점인 동대문까지 와서 다시 이 곳 뚝섬으로 나들이 오는 인파가 그치지 않았다. 지금 과천에 있는 경마장도 원래 이곳에 있었는데 그때 만들어진 경마장 트랙은 지금 서울 숲의 산책로로 바뀌어 남아 있다.

한마디로 뚝섬은 '노니는 들(야유[野遊])'이다. 경마장이 이

서울숲공원 방문자 센터의 정면에 있는 숲속작은도서관(가운데)

전하고 정수장 기능이 일부 중지된 뒤 뚝섬은 많은 부분 주거지화되었고, 그 일부가 도시공원화계획을 통해 2005년 서울숲공원으로 변모하였다. 구체적인 숲의 면모는 '뚝섬숲 조성 기본계획안' 현상 공모에 당선된 동심원조경기술사무소의 설계안에 기반한다.

　이 설계안의 내용은 역사적으로 지속되어 온 나들이 공간, 놀이터로서의 기능을 되살리되, 새로운 공원 유형을 만드는 것이었다. 서울숲에 조성된 5개의 테마 공원 중 제일 면적을 많이 차지하는 것도 22만 제곱미터의 '문화예술공원'이다. 보다 자연에 가까운 '생태숲'은 16만 5000제곱미터로 그다음이다.

그 밖에 자연체험학습원, 습지생태원, 한강수변공원이 있다. 그저 자연인 것만으로 만족하는 숲이라기보다 놀이를 유도하는 발랄한 자연이다.

어른들은 책을 읽고 아이들은 뛰노는 공원

그러나 서울숲공원이 개장한 초기에 숲 속에서 즐기는 사람들의 모습은 꼭 자연 속이 아니어도 상관없는 모습이었다고 한다. 공원 운영자들은 뉴욕의 센트럴파크나 런던의 하이드파크처럼, 어른들은 잔디에 길게 누워 책을 보고 아이들은 뛰어노는, 산책과 낮잠을 즐기는 풍경을 상상했지만, 현실은 그렇지 않았다. 서울숲에는 화투를 치며 고기 굽고 술 마시러 드는, 이른바 '가든' 문화를 즐기는 사람들이 나타났다. 공원이 부족한 도시에서 오래 살다 보니, 여유 대신 일탈이 주요한 문화로 자리 잡은 것일까? 혹은 진짜 자연 대신, 각종 고깃집 가든에 있는 인공 폭포와 인조 나무 들을 즐기는 것에 익숙하다 보니 생긴 일일까?

이를 바로잡고 건강한 공원 문화를 조성하기 위해, 서울숲공원은 '책 읽는 공원' 캠페인을 시작했다. 캠페인 문구로는 '서울 숲은 거대한 야외 도서관'을 내세웠다.

그리고 서울숲 입구의 자원봉사 쉼터를 개조해서 '숲속작은도서관'으로 만든 뒤, 여기에서 책을 빌려 공원에 가지고 들어갈 수 있게 하였다. 다 읽은 책은 공원을 나오면서 반납하면 된다. 이 도서관은 공원 입구에 가만히 있지 않는다. 주말이면 아예 책수레에 책을 싣고 공원 곳곳을 순회하며 여기저기 흩

공원을 돌며 독자를 찾아가는 책수레

어져 있는 사람들 곁으로 찾아간다. 주로 사람들이 많이 몰려 있는 문화예술공원 구역을 다니며 독자를 모은다. 공원 입구에 있는 붙박이 도서관에다, 움직이는 책수레 도서관까지 있어 공원에서 놀다 보면 책을 쉽게 접하게 된다.

한 가지 아쉬운 점은 책수레의 책이 대부분 어린이 책이라는 점이다. 나는 뚝섬 인근에 살고 있어 이 공원에 자주 놀러오는데, 종종 마주치는 책수레에서 책을 한 권 뽑아 읽으려고 할 때마다 대부분 어린이 책밖에 없어 낭패를 보곤 한다. 아이와 함께 온 부모가 아이들에게 책을 읽힐 수 있도록 한 배려겠지만, 아이를 데리고 오지 않은 어른들도 많으니 어른 책도 많이 구비해두면 좋겠다.

서울숲도서관은 서울그린트러스트재단과 '서울숲사랑모

임'이 민관 공동으로 운영하고 있다. 서울시가 시설을 관리한다면, 서울그린트러스트는 생태 교육과 문화에 관한 프로그램을 운영하고, 서울숲사랑모임이 자원봉사를 담당하는 형태이다. 이러한 도서관 운영 방식은 이후 다른 숲도서관들에 좋은 참조가 되고 있다.

관악산숲속도서관

등산객을 맞이하는 오두막

산만큼 대한민국 서울의 일상에 많은 비중을 차지하는 자연도 없다. 서울 시민에게 지하철이나 버스에서 등산복 차림의 사람들을 만나는 것은 일상이다. 대중교통이 어떤 대도시보다도 중심과 주변 산을 잘 엮고 있어서 마음만 먹으면 한 시간 안에 산을 오를 수 있는 도시가 서울이다.

관악구는 산의 도시 서울에서도 산이 차지하는 부분이 유독 큰 곳이다. 산림 면적만 1만 5334헥타르인 관악구는 서울시 자치구 가운데 노원구에 이어 두 번째로 산림이 많다. 관악구 면적의 38.5퍼센트가 임야이다. 자치구 이름이 산 이름을 좇고 있는 탓에 관악구는 관악산 자체처럼 느껴지기도 한다. 실제로 관악구의 주요 문화 시설은 관악산을 중심으로 배치되어 있다.

관악산 등산로를 따라 들어가다 보면, 바위가 많고 냇물이 마른 내를 건너 살짝 들어간 안쪽에 오두막이 하나 있다. 이곳이 '관악산숲속도서관'이다. 들어가보니 작은 테라스와 차양

관악산숲속도서관으로 들어가는 길. 나무로 지은 아담한 집이 숲과 잘 어울린다.

도서관 안에서 내다본 바깥 풍경. 계절의 변화가 한눈에 느껴진다.

이 있어 자연을 즐길 채비가 되어 있다. 볕이 좋으면 이 앞에 앉아서 책을 읽어도 좋겠다고 생각했는데 실제로 얼마 후 한 등산객이 산을 내려와 땀을 식히며 책을 읽는다.

이 도서관은 4월에 개장해서 10월에 문을 닫는다는데, 내가 간 날이 마침 문 닫기 전날이다. 아쉬운 마음에 '더 일찍 왔어야 했는데' 하고 자책한다. 그래도 하루라도 늦었으면 정말 낭패였을 터. 우선 앉아서 숲에 어울리는 책 한 권을 뽑았다. 기자이자 여행 작가인 빌 브라이슨(Bill Bryson)의 『나를 부르는 숲』이다.

얼마 전 『거의 모든 것의 사생활』을 읽고 빌 브라이슨의 재기에 반했다. 저자는 애팔래치아 산맥에서 멀지 않은 곳에 사는데, 어느 날 애팔래치아를 횡단하겠다고 결심한다. 영국 생활을 정리하고 다시 미국에 살게 되면서 미국 국토를 둘러본다는 취지로 섣부르게 저지른 애팔래치아 횡단 계획. 숲을 대해본 적이 없는 저자가 겪게 되는 파란만장한 경험들이 그 줄거리를 이룬다. 나 역시 등산에는 백치라서 산을 어디부터 이해해야 할지 모르겠다. 그나마 장만해두었던 등산화도 (건축) 현장화로 신다 다 망가졌다. 빌 브라이슨이나 나처럼 산에 문외한인 사람을 위해 이 도서관에서는 '관악산 숲 탐방 코스'를 진행하고 있다.

책보다
숲이 먼저다

숲 탐방은 숲을 들여다보고 느끼는 기회를 만들어준다. 등산이 '자기 몸과 마음'에 초점이 맞춰진 것이라면, 숲 탐방은 숲과 그 생태계에 초점이 맞춰져 있다. 등산은 자기 몸을 중심으로 자연을 향유하는 것이라면 숲 탐방은 숲을 그 중심에 두고 자기 몸을 움직이는 행위다. 사람들은 등산 대신 숲 탐방을 하면서 자연의 변화를 살피고 관리하는 법을 배운다. 내 몸이 아닌 생태계의 건강을 점검한다. 나무를 둘러싸고 고사시키는, 덩굴 같은 피압 식물을 제거하기도 하고 다친 동물을 수의사에게 전하기도 한다.

도서관 이용자, 그리고 프로그램 참여자는 주로 아이들이다. 가끔 부모에 떠밀려 산까지는 왔으나, 등산하기는 싫어서

도서관에 머물며 책을 읽는 아이들도 있기는 하지만, 보통은 숲 체험 프로그램에 참가하러 일부러 온 아이들이 많다.

아이들은 봄부터 가을까지 매주 수요일마다 숲 생태학습 프로그램을 통해 산에 들어가 두 눈으로 확인을 한다. 나무와 동물의 삶도 배우지만, 궁극적으로는 '나와 숲은 연결되어 있다'는 생태계의 원리를 배운다. 숲에서 거둬들인 물건의 효용도 스스로 만들어간다. 땅에 떨어진 피복과 솔방울로 공작을 하기도 하고, 폐지로 새로 종이를 만들어보기도 하고, 꽃잎으로 염색도 해본다. "기본적으로 도서관은 숲 가꾸기를 펼치는 장소로 기획되었어요."

도서관에서 만난 박찬경 자원봉사자의 말이 핵심에 닿아 있다. 도서관이지만 책보다 숲이 더 우선이다.

그래서 2300권의 책 중에는 자연 관련 책이 차지하는 비중이 크다. 특히 환경부에서 추천하는 도서나 환경 관련 단체에서 추천하는 책 등 환경이나 자연 관련 우수 도서들이 많이 보인다. 식물도감이나 동물도감도 많다. 도감은 어른들에게도 많이 유용할 것 같다. 등산하고 내려올 때 막걸리 한잔을 떠올리는 것도 좋지만, 아까 숲에서 마주친 그 생명의 이름이 무엇인지 찾아보아야겠다는 생각을 떠올려보면 어떨까. 박찬경 씨는 언젠가 정말로 관악산의 생명들만을 다룬 숲 도감이 나올지도 모른다고 귀띔한다.

"수년 동안 관악산의 동식물을 기록하고 있는 아마추어 사진가가 있어요. 사진을 찍을 때마다 서식지와 시간을 빼곡하게 기록을 해두시는데, 이분만큼 관악산을 자세히 기록한 분도 없을 겁니다."

'관악산의 바로 그곳에 가면 이런 생명을 만날 수 있다'고 이야기하는 책. 이것만큼 장소에 기반한, 완벽한 도감이 또 있을까? 관악산의 이 자그마한 도서관이 휴식 공간, 독서 공간을 넘어서 오랫동안 관악산의 사계와 생명들을 기록하고 보호하는 공간이 되기를 바란다.

농 부 네 텃 밭 도 서 관

**농부가 만든
농촌 도서관**

농사는 살림이기에 존중받는 것이 당연하다고, 문명비평가이자 농부인 웬델 베리(Wendell Berry)는 말한다.

> "농사는 살림이다. 살림은 이어져 있음을 의미하며, 우리와 우리가 사는 장소와 세계를 보존 관계로 이어줌으로써 생명을 지속시키는 모든 활동이다." ●

농사짓는 사람은 자연과 인간 공동체에 닿은 연과 의무에서 중재 역할을 하고 있다. 농사를 생산량이나 이윤과 같은 산업 일반의 용어를 통해 보지 않고, 자연과 관계를 맺고 그 과정에서 일부를 차지하게 만드는 일로 보는 순간 농사일과 농촌 공간에 신비의 빛이 비추인다. 농사는 측정하기 힘든 인간, 과학으로 환원될 수 없는 땅, 변동하기 쉬운 기후, 그리고 시간을 다루는 예사롭지 않은 일이다.

● 웬델 베리, 이한중 옮김, 『온 삶을 먹다』, 낮은산, 2011

전남 광양시 진상면에 있는 농부네텃밭도서관(이하 텃밭도서관) 서재환 관장님의 자부심은 바로 여기에 근거한다. "우리 집은 6대째 농사를 지어왔어요." 서 관장님의 한마디는 텃밭도서관이 태어난 이유를 명료하게 설명해준다. 서 관장님은 농부의 자존감과 농촌에 대한 자부심, 고민으로 1980년대부터 텃밭도서관을 일구어왔다. 1980년대 초반은 그 이전인 1960년과 1970년대에 있었던 새마을운동을 통해 농촌이 근대화되지 않은 공간이자 개량되어야 할 공간이라는 인식의 세례가 거쳐간 이후이다. 그때는 무언가 해야 될 것만 같은 기운과 어떤 일이든 벌이면 다 될 것 같은 들썩들썩함이 있었다. 그리고 마을

우스꽝스러운 인형이 손님을 맞이하는 농부네텃밭도서관 입구

에는 몰려다니면서 궁리, 작당할 동네 청년이 족히 10명은 되었다. 이들을 중심으로 '우리 마을에 마을문고를 만들자, 지역신문을 만들자'는 의견이 모였다. 이곳뿐 아니라 당시 전국의 농사짓는 청년들은 대개 이런 분위기였다. 보다 나은 농촌이 되기 위해서는 문화 기반이 넓어져야 하는데, 그러기에는 도서관을 만드는 것이 제격이었다.

새마을문고에 편입되다

농촌과 도서관의 관계는 그 역사가 길다. 요즘의 '생활 밀착형 작은도서관' 만들기처럼 자생적인 흐름도 있었고, 새마을문고처럼 정부가 주도하는 경우도 있었다.

아직 도서관이 정착되지 않았던 1960년대에는 '농촌 마을문고 보급회'라는 이름으로 농촌에 일종의 문고식 작은도서관이 보급되었다. 매우 자생적으로 시작된 이 흐름은 10년 뒤 '비슷한 이름'이라는 이유로 새마을운동에 편입되었다. 마을문고는 '새'마을문고로 슬쩍 이름이 바뀌었고, 새마을운동 조직망의 일부에 이름을 올리게 되었다. 이제 문고는 마을회관에서 울려 퍼지는 '잘살아보세' 노래와 운명을 같이하게 되었다. 전국에 약 26곳 정도로 시작했던 마을문고는 새마을운동이 한참 잘나가던 1970년대 말에는 3만 6000여 곳까지 늘어났다. 하지만 1980년대 중반 새마을운동이 흔들리면서 함께 타격을 받았다.

다행히도 텃밭도서관의 모체가 되는 '장서면 마을문고'는 애초에 정부 지원에 의존하지 않고 자생적으로 만들어졌던 기반이 있는 데다, 이 지역 주민들과 이 지역 '출신' 주민들의 아낌없는 지원으로 오히려 더 번성하게 되었다. 유료이던 도서관 이용이 과감하게 무료로 바뀌면서 이용자도 크게 늘어났다.

"한 책 당 30명에게 빌려주었다 칩시다. 당시에 200원에 빌려줬으니 30명 정도가 대여해가면 얼추 책값만큼은 빌려준 셈이 됩니다. 누가 책이 좋아 반납을 안 한다고 해도 새 책 한 권 값은 한 것이니 별 타격도 없고 아깝지 않은 것이죠. 그래서 책을 어느 정도 순환시킨 다음에는 전면 무료 개방으로 바꾸었어요. 많을 때는 하루에 200~300명씩 왔어요."

그러나 마을에 학생 수가 점점 줄고, 학교들이 통폐합되면서 멀리서 학교를 다니는 학생들을 위해 통학버스가 생기기 시작했다. 또 입시 과열로 학원 차들이 방과 후에 학생들을 데리러 오고, 수업 외 자율학습도 생기면서 도서관을 이용하는 학생 수는 점점 줄어들었다.

농촌 마을문고는 이제 어떤 이유로든 힘들어졌고, 아예 다른 길을 모색해야 했다. 그래서 매일 들를 수 있는 도서관이 아닌, 주말에만 오는 '텃밭도서관'을 만들게 되었다.

농촌 도서관에서 전원 도서관으로

마을문고가 텃밭도서관으로 변천해온 과정은 농촌이라는 공간의 위치가 어떻게 재편되어 왔는가 하는 것과도 깊은 관련이 있다. 많은 사람들이 떠난 농촌은 이제 매일매일 삶을 영위하는 공간이 아닌 주말에 잠시 들르는 공간, 일상적인 경험이 아닌 이색적인 체험의 공간이 되고 있다.

텃밭도서관의 열람실

경운기를 개조해 만든 이동열람실과 서재환 관장님. 현재 경운기 이동열람실은 사용되지 않고 도서관의 상징으로만 남아 있다.(좌) 도서관 안의 정자에도 서가를 놓아 열람실을 꾸며놓았다.(우)

    주 이용자인 아이들과 청년들이 없으니 농촌의 일상에 도서관이 끼어들 틈은 점점 좁아졌다. 텃밭도서관은 이에 맞추어 주말에 일부러 시간을 내어서 들른 사람들이 책을 볼 수 있는 프로그램을 고민한 결과이다. 그리고 도서관만으로는 다소 부족한 느낌이 들기에, 놀면서 책을 읽을 수 있는 장소도 마련하게 되었다. 연못을 파고, 식물원을 만들고, 나무 사이에 해먹을 달아 매고, 원두막을 짓고, 평상을 만들었다. 이것저것 만들어 농촌의 모습을 재미있고 수선스럽게 느끼게 했다.
    아이들은 주말에 편안한 마음으로 도서관에 놀러 와서, 책도 읽고, 감물 들이는 법도 배운다. 연못에서 배도 타 보고, 해먹에 누워 낮잠도 즐긴다.
    주로 이웃 시와 군 소재지에 사는 아이들이 온다. 부모님

도서관 관장님이 아이들에게 짝수발(죽마) 놀이를 가르쳐주고 있다.

과 오기도 하고, 선생님의 지도하에 대규모로 오기도 한다. 책, 텔레비전, 인터넷 같은 간접 체험에만 집중적으로 노출되어 있는 요즘 아이들에게 2000평이나 되는 텃밭과 집, 도서관은 거대한 놀이터에 가깝다. 여기서 아이들은 목마, 쪽배, 굴렁쇠, 당나귀, 군불을 땐 방 등 불과 30~40년밖에 지나지 않은 과거 농촌의 일상과 놀이를 체험한다.

텃밭도서관에서는 오는 길을 좋게 만들기 위해 길도 넓게 닦았고, 인터넷에 카페를 만들어서 알리는 일도 열심히 했다. 그렇게 텃밭도서관은 변해가는 농촌 속에서 그 존재의 의미를 스스로 증명해가고 있다.

05
부천은 어떻게 도서관의 도시가 되었나

부천예술정보도서관 다감

이치훈

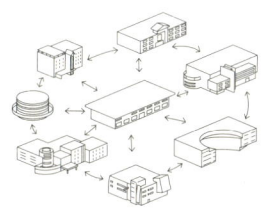

**부평과 인천
사이에 새로
도시가 생기다**

양귀자의 단편 연작 소설 『원미동 사람들』은 1970~80년대에 부천을 살아낸 소시민들의 이야기를 담고 있다. 소설은 서울에서 쫓겨나 트럭 뒤 짐칸에 이삿짐과 함께 실려 부천에 도착한 은혜네를 통해 개발의 광풍이 불던 당시의, 슬프고도 비루한 소시민들의 삶을 정밀하고도 사실적으로 묘사한다.

춥고 먼 길을 달려 부천에 도착한 은미네 눈에 처음 들어온 도시는 음울하고 초라한 풍경으로 가득하다. 도시는 허름한 주택가, 회색의 공장 지대, 그리고 공장 굴뚝에서 뿜어져 나오는 그을음으로 뒤덮여 있다. 은혜네는 부천의 한 구석, 원미동(遠美洞)이라는 동네에 정착한다. '멀고도 아름다운 마을'을 뜻하는 원미동이란 이름은 비대해진 서울에서 추방당해 그 변두리에 도달한 은혜네의 비참한 삶을 반어적으로 드러낸다.

소설의 배경이 되는 1970~80년대 부천에는, 서울의 위성도시들이 대부분 그렇듯, 많은 이들이 타지에서 몰려들었다. 급격하게 변화하는 서울살이를 견디지 못한 사람들이 이주해

1980년대 부천의 시가지 모습. 3만 8000여 가구의 새집과 아파트가 세워졌으나 늘어나는 시민을 수용하기에는 태부족이었다. 당시 주택보급률은 49.3퍼센트에 그쳤다. (《경향신문》 1987년 6월 2일자)

오거나, 이촌향도한 사람들이 서울 근거리에 머물기 위해 살림을 차리기도 했다. 하지만 새로 자리 잡은 사람들은 공업 도시로 성장가도를 달리던 부천의 회색 풍경에 쉽사리 마음을 붙이지 못했다. 달리 방법이 없기도 했지만, 당시 도시 서민의 삶이란 형편에 맞는 거주지를 찾아 이리저리 떠도는 이주의 연속이었다.

끊임없이 이곳, 저곳을 오가던 사람들처럼 서울 주변의 도시들도 서로 경계를 교환하면서 성장했다. 부천이라는 이름은 부평(富平)과 인천(仁川)의 앞뒤 글자를 따서 만들어졌다. 1914년 행정구역 개편 당시 부평군(16개 면), 인천부(12개 면), 남양군

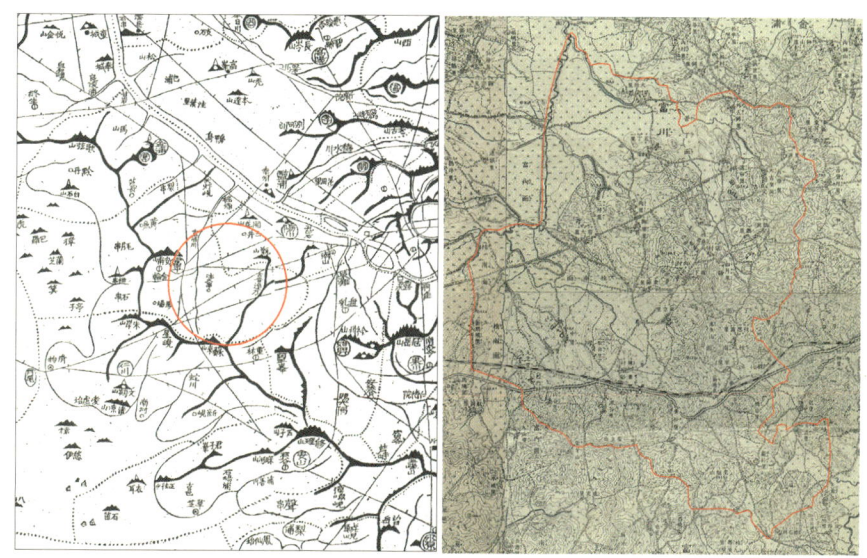

조선 후기에 제작된 대동여지도와 1919년의 부천시 지형도. 대동여지도에서는 부천이라는 지명은 없고 부평만 있다.

(2개 면), 강화군(1개 면)의 15개 면이 통합되면서 특히 많은 지역이 부평과 인천에서 편입되었기 때문이다. 이후 부천은 서울과 인천을 비롯해 김포, 시흥과 면 단위의 마을을 주고받으며 행정구역 개편을 거듭하였고, 1973년에 시로 승격되었다. 그리고 1988년에 중구와 남구 두 행정구 체제로 개편하고 1993년에 중구가 원미구와 오정구로, 남구가 소사구로 개명하면서 지금에 이르게 된다.

1980년대 중반에 부천은 전국 8대 도시로 크게 성장한다. 하지만 여전히 1년에 28만 명이나 되는 사람들이 들어오고 나가기를 반복하며 서울과 인천 사이에 어중간하게 자리하고 있었다. 사람들의 마음은 부천을 떠나 서울 근처를 떠돌았고, 부천은 정착하고 싶은 도시가 아니라 최종 목적지로 가는 길 중간에 있는 어디쯤이었다. 그런 와중에 정신없이 몸집을 키우며 성장하던 도시는, 어느 순간부터 안에 살고 있는 사람들을 생각하기 시작했다.

복사골이라는 노스탤지어

지자체 도입 초기부터 부천은 마음을 붙이지 못하는 도시인들을 붙들기 위해 여러 가지 방안을 강구했다. 고민하던 도시는 노스탤지어를 불러들이기로 한다. 이름하여 '복사골 재현 운동'. 본격적인 지자체가 시행되면서 우후죽순 생겨나던 다른 지역 축제와 비교하면 어딘가 귀여우면서도 낭만적인 발상이다.

부천이 시로 승격되던 1973년 즈음, 소사구 일원에는 복사골이라 불리는 32만여 평의 과수원이 있었다고 한다. 복숭아꽃이 만개하는 4월 하순이면 성주산 주변을 지나는 경인선 승객들이 창밖의 장관을 내다보느라 넋을 잃었다고, 부천의 토박이들은 회고한다. 부천에서 나던 수밀도라는 복숭아는 구포 배, 대구 사과와 함께 당시 전국에서 가장 맛 좋은 3대 과일로 꼽힐 정도였으니, 복숭아는 지역의 자랑이자 큰 수입원이었을 것이다. 하지만 도시 개발과 함께 아름다운 과수원은 순식간에 자취를 감추고 말았다. 그 복사골의 풍경을 재현하는 것이 복사골 재현 운동의 목표였다.

운동의 일환으로 시는 5년여에 걸쳐 복숭아나무를 잔뜩 심기로 한다. 공업화와 무질서한 팽창으로 황폐해진 도시를 전원 풍경으로 치유하고 시민들의 애향심과 정주 의식을 높이겠다는 생각이었다. 당시 임경호 부천시장은 "1989년까지 11만 5000여 그루의 복숭아나무를 심을 계획"이라며 "복사골의 옛 정취 속에 애향심도 덩달아 높아질 것"이라고 자신 있게 말했다.

그 뒤 복숭아나무 심기라는 노스탤지어의 코드는 문화라는 키워드로 확장되었고, 문화는 도시 전체가 먹고사는 산업으로 발전했다. 1988년에는 부천필하모닉이 창단되었고 1997년 부천국제판타스틱영화제(PiFAN), 1998년 부천국제학생애니메이션페스티벌(PISAF)에 이어 2008년 부천세계무형문화유산엑스포 등 다양한 문화 행사가 열렸다. 부천은 그렇게 자타가 인정하는 문화 도시가 되었다.

특히 말러 교향곡 전곡 연주로 유명한 부천필하모닉은 부천을 문화 도시로 자리매김한 일등공신이다. 1999년부터 2003년까지 이루어진 말러 교향곡 전곡 연주는 한국에서 처음 한 시도였을 뿐 아니라 말러의 관현악 세계를 완벽하게 재현해낸 탁월한 곡 해석으로 한국 음악사에 한 획을 그었다는 평가를 받았다. 부천필하모닉은 서울시향, KBS관현악단과 더불어 현재 우리나라 3대 오케스트라로 불린다.

지자체 최초의 예술전문도서관

문화 도시 부천의 상징으로, 대중적으로는 부천필하모닉이 손꼽히지만, 적어도 도서관 분야를 잘 아는 사람들 사이에서는 탄탄한 도서관 인프라가 더욱 손꼽힌다. 부천은 그대로 도서관의 도시라 불러도 손색이 없을 정도이다. 부천만큼 도서관이 도시 곳곳에 골고루 분포하고 효율적으로 움직이는 도시도 드물다. 나는 여러 도서관 중 지자체 최초의 예술전문도서관으로 꼽히는 부천예술정보도서관 다감(이하 다감)을 찾아가보기로 했다.

우리나라 국가도서관통계시스템에서 예술전문도서관으로 분류되는 도서관은 전국에 딱 6곳뿐이다. 그중 5곳이 서울에 있을 정도로 예술전문도서관은 서울에 편중되어 있다. 다감은 통계상으로는 전문도서관이 아닌, 공공(일반)도서관으로 분류되지만 실질적으로는 예술전문도서관의 역할을 하고 있다.● 서울을 제외한 도시에서, 수준 높은 예술전문도서관으로는 전국에 거의 유일한 곳이라고 할 수 있다.

다감은 2000년 복사골문화센터의 문예자료실로 시작했다가 문화센터가 부천문화재단으로 새롭게 출범하면서 2005년에 '부천예술정보도서관 다감'으로 명칭을 변경했다. 현재는 공룡처럼 커다란 부천문화재단 건물의 4층 한 켠에 자그맣게 자리하고 있다.

복사골문화센터 입구의 넓은 홀을 지나 다감의 문을 열고 들어가니 나지막이 음악 소리가 들려온다. 30여 평 남짓한 공간에 사서 책상과 열람석, 각종 영상 자료와 도서 자료 등이 아기자기하게 배치되어 있다. 한 분야만 다루므로 크지 않을 거라고 짐작하긴 했지만, 생각보다 훨씬 아담하다. 열람실도 건물 한 켠의 방 하나가 전부이다.

규모는 작지만 다감이 예술전문도서관으로서 부천에서 하고 있는 역할이나 의미는 부천필하모닉만큼 크다. 부천이 문화

● 다감은 국가도서관통계시스템 작성을 위한 '정부 도서관 평가' 사업 당시 공공도서관으로 등록되었다. 당시 통계시스템에 전문도서관이라는 분류가 없었기 때문이다. 이 분류는 이후 추가되었는데, 다감이 도서관정보정책위원회에 문의한 결과 특별히 전문도서관으로 분류를 바꿀 필요는 없다고 하여 이후로도 바꾸지 않고 있다.

다감이 있는 복사골문화센터의 전경. 다감은 복사골문화센터 한 켠에 자리하고 있다.

도시로 자리매김할 수 있는 가장 큰 이유 중의 하나도 다감이 지역의 역사와 문화를 기록하고 도서관의 콘텐츠로 재생산해 내고 있기 때문이다. 도서관이 도시를 기록하는 것은 도서관의 가장 본질적인 역할 중 하나다. 다감은 그중에서도 문화 예술 부분만을 특화해 기록한다.

다감은 지역의 예술인 750명과 문화 단체 140곳, 그리고 문화 공간 80여 곳에 대한 정보를 자체 수집해서 제작하고 기록한다. 수시로 바뀌는 공연, 전시 정보를 놓치지 않기 위해 지역 예술인들로부터 관련 정보를 받아 계속 업데이트한다. 이런 자료 기록은 보통 예술인들이 직접 입력하도록 해놓는데 그렇게 하면 잘 관리되지 않는다. 이런 사정을 잘 아는 다감에서는 도서관에서 직접 자료를 수집하고 입력한다. 그래서 다감의 자료는 충실한 것으로 유명하다.

부천문화재단의 문화예술인 데이터베이스에서 지역의 화가를 클릭하면 프로필과 작품 이미지, 공연, 전시 관련 정보들이 한눈에 보인다. 예술가 한 사람, 한 사람이 별도의 파일로 관리되는데 그 파일에는 작가가 직접 제공한 정보와 작가 서명이 들어간 자료, 기사 자료, 공연 도록 등이 아카이브로 만들어져 있다. 기록물 보존실에는 작품의 원본도 많이 소장되어 있다. 많은 문화 시설이 서울에 편중되어 있어 양질의 전시나 공연을 관람하기 힘든 지방 도시 사정을 감안하면 다감의 이런 역할은 더욱 의미 있다.

다감에서 가장 자랑스럽게 여기는 것은 부천필하모닉, 부천국제판타스틱영화제와의 네트워크를 통해 만들어진 프로그램들이다. 다감은 이 두 기관과 협약을 맺어 관련 자료들을 위탁받아 관리하고 있다. 두 기관에서 보내온 악보와 영상 자료 등을 다감에서 볼 수 있다. 또 부천학생애니메이션페스티벌과 연계해서 상영작들을 다감에서 다시 상영하기도 한다. 부천을 대표하는 단체이기는 하지만, 연주회나 영화제가 열리지 않으면 부천 시민들도 작품을 감상할 수 없다는 점에서, 다감이 제공하는 서비스는 결코 작지 않다.

또 '부천필오픈특강'이라는 이름의 강좌도 여는데 이 강좌에서는 부천필하모닉의 연주자가 직접 악기를 연주하며 강연을 진행하기도 한다. 지금까지 오르간 연주와 트럼펫 연주를

다감의 열람실은 작지만 내실 있는 자료가 가득하고 책 읽는 분위기도 편안하다.

했는데, 쉽게 볼 수 없는 악기라서 시민들에게 인기가 높았다고 한다.

　네트워크만 많다고 해서 이런 다양한 프로그램이 저절로 나오지는 않는다. '구슬이 서 말이라도 꿰어야 보배'인데, 네트워크를 활용해 다양한 문화 자산을 만들어내는 도서관 운영자들의 기획력이 엿보인다.

도서관이 된 도시

다감이 문화적인 네트워크를 다루는 방식은 부천의 시립도서관 인프라가 가진 공통적인 노하우이다. 부천이 문화적인 자원을 풍부하게 가꾸는 데 노력을 기울이면서 특별히 공들인 부분이 바로 도서관의 네트워크 인프라이기 때문이다.

지자체가 공공도서관 네트워크 인프라를 구축하는 것은, 지금에야 당연한 일이지만 과거에는 그렇지 않았다. 일단 도서관들의 운영 주체가 달라 통합적인 운영이 쉽지 않았다. 1991년에 와서야 지자체가 지역의 도서관을 관리할 수 있게 되었는데 지방교육청 소속의 도서관이 남아 있어 시, 도 단위의 총체적인 도서관 운영이 어려웠다. 부천의 경우도 1985년 심곡도서관이 처음 생기고 10년이 지나서야 시립중앙도서관이 만들어졌다.

도서관 운영이야 지자체가 하건, 교육청이 하건 혹은 종교단체에 위탁하건 무슨 상관이겠는가 하겠지만, 공공 시설로서 서비스를 통합하는 문제에 있어서는 운영 주체가 일원화되어 있고 그것이 자치단체면 더 효율적이다.

도서관의 네트워크라고 할 수 있는 상호대차서비스가 대표적인 예이다. 상호대차는 지역 도서관들이 연계하여 서로 부족하거나 소장하지 않은 도서를 대출해주는 서비스이다. 부천은 도서관 운영을 시가 직접 총괄했기 때문에 2000년 10월 시립도서관 3개 관 간의 상호대차를 전국 최초로 시행할 수 있었다.

53제곱킬로미터에 달하는 대도시, 부천에 사는 89만 명의 사람들이 어디서든 도서 대출에 불편을 느끼지 않으려면 상호대차는 필수적이다. 2008년 현재 한국의 공공도서관 1개 관당 부담 인구수는 7만 6000명으로 영국의 6배, 독일의 8배가 넘는다. 거꾸로 셈하면 도서관 수가 영국의 1/6, 독일의 1/8이라는 뜻이다. 부천은 2000년에 시립도서관 사이의 상호대차 시범 사업을 시작한 이래 현재 9개 시립도서관과 14개 작은도서관까지

• 2010년 현재, 전체 688개의 공공도서관 중 508개를 지자체가, 232개를 지방교육청이 운영하고 있다. 공공도서관 중 '평생학습관'과 같은 이름의 도서관이 교육청이 운영하는 도서관이다. 또한 운영 노하우 부족 등의 이유로 지자체가 운영하는 도서관 508곳 중 118곳은 직영이 아닌 위탁 경영의 형태를 띠고 있는데 부천은 9개의 시립도서관 중 8개 관을 부천시에서 직접 운영하고 있다.

도서관명	분류	구분	설립주체	운영	개관년도	주소
민들레홀씨작은도서관	공공	작은(문고)	공립	–	–	경기 부천시 원미구 상3동
부천시심곡도서관	공공	공공(일반)	지자체(시,도)	직영	1985	경기 부천시 소사구 심곡본동
부천시중앙도서관	공공	공공(일반)	지자체(시,도)	직영	1994	경기도 부천시 원미구 원미1동
새마을문고중앙회 부천시지부	공공	작은(문고)	공립	–	1996	경기도 부천시 원미구 약대동
부천시북부도서관	공공	공공(일반)	지자체(시,도)	직영	1999	경기도 부천시 원미구 도당동
햇살이가득한도서관	공공	작은(문고)	공립	–	2002	경기 부천시 원미구 심곡2동
약대신나는가족도서관	공공	작은(문고)	공립	–	2002	경기 부천시 원미구 약대동
새싹어린이도서관	공공	작은(문고)	공립	–	2002	경기 부천시 오정구 오정동
도란도란 작은도서관	공공	작은(문고)	공립	–	2002	경기 부천시 오정구 고강본동
복사꽃필 무렵 작은도서관	공공	작은(문고)	공립	–	2002	경기 부천시 소사구 심곡본동
부천시꿈빛도서관	공공	공공(일반)	지자체(시,도)	직영	2002	경기도 부천시 원미구 중3동
행복한도서관	공공	작은(문고)	공립	–	2003	경기 부천시 오정구 오정동
역곡3동 공립문고 꿈나무가족도서관	공공	작은(문고)	공립	–	2003	경기 부천시 소사구 괴안동
사랑나무 가족도서관	공공	작은(문고)	공립	–	2004	경기 부천시 원미구 중2동
소사본3동 소새울가족도서관	공공	작은(문고)	공립	–	2004	경기 부천시 소사구 소사본3동
고리울꿈터작은도서관	공공	작은(문고)	공립	–	2005	경기 부천시 오정구 고강1동
소나무푸른작은도서관	공공	작은(문고)	공립	–	2006	경기 부천시 원미구 중동
부천책마루도서관	공공	공공(일반)	지자체(시,도)	직영	2007	경기 부천시 원미구 중동
해밀도서관	공공	공공(일반)	지자체(시,도)	위탁	2008	경기 부천시 원미구 중2동
한울빛도서관	공공	공공(일반)	지자체(시,도)	직영	2008	경기 부천시 소사구 소사본동
부천시립꿈여울도서관	공공	공공(일반)	지자체(시,도)	직영	2010	경기 부천시 오정구 작동
부천시립상동도서관	공공	공공(일반)	지자체(시,도)	직영	2011	경기 부천시 원미구 상동

진한 색으로 표시된 부분이 시립 도서관, 나머지는 작은도서관이다.(출처: 국가도서관통계시스템)

1985 심곡도서관 1994 중앙도서관 1999 북부 도서관
2002 꿈빛 도서관 2007 책마루도서관 2008 한울빛도서관
2008 해밀도서관 2010 꿈어울도서관 2011 상동도서관

1985년 심곡도서관을 시작으로 2011년까지 부천에는 9개의 시립도서관이 세워졌다. 시립도서관들은 작은도서관과 함께 도시 전체에 촘촘한 네트워크를 구성하고 있다.

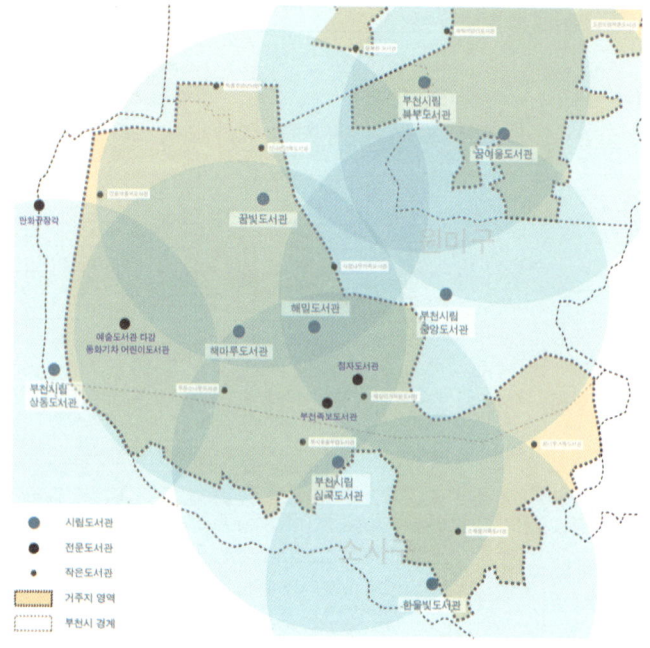

주요 시립도서관(반경 2킬로미터)과 작은도서관을 부천 지도에 표시해 보면 도시의 많은 부분이 도서관의 혜택을 받고 있음을 확인할 수 있다.(ⓒ이주영)

총 23개의 공공도서관을 차량이 매일 순회하면서 책을 배달하고 있다. 상호대차를 통한 대출이 어느 도시보다 쉽다. 2010년 한 해 동안 19만 명의 시민들이 33만 권의 도서를 이용했다.

부천의 시립도서관들은 각기 전문 분야의 장서들을 소장하고 있어 상호대차의 효율성이 높다. 도서관들이 도서를 중복 구입할 필요가 없으니 재정도 절약되고, 도시 전체가 소장한 책의 다양성도 높아진다. 중앙도서관은 기술과학, 심곡도서관은 역사, 북부도서관은 예술, 책마루도서관은 인문·사회 과학, 꿈빛도서관은 어린이 관련 서적 구비에 각각 특화되어 있다.

상호대차서비스가 실질적인 효과를 발휘하기 위해서는 대

형 시립도서관과 함께 작은도서관의 역할이 중요하다. 입지와 수가 제한적일 수밖에 없는 대형 도서관 사이 사이를 작은도서관이 정거장이 되어 메움으로써 촘촘한 공간적 네트워크를 이루기 때문이다. 하지만 지자체가 직접 작은도서관까지 운영하고 관리하기에는 예산이나 운영 인력 수급에 어려움이 많은 것이 현실이고 이 지점에서 시민사회의 협력이 필요해진다. 부천의 경우 시민사회가 작은도서관 만들기의 주인공이어서 비교적 네트워크가 잘 작동한다.

부천시는 지자체 예산을 투입해서 2002년부터 순차적으로 작은도서관을 개관했고, 2012년 현재 14관의 작은도서관을 운영하고 있다. 작은도서관은 대부분 운영을 종교 기관, 복지 기관 등 민간에 위탁한다.

위탁 운영은 운영의 책임과 전문성이 떨어지기 십상이다. 이를 예방하기 위해서는 안정적인 운영비 지원과 전문 사서 고용이 중요하다. 특히 전문 사서들은 지속적으로 장서를 개발하고 프로그램을 운영하여 작은도서관이 공공도서관으로서의 위상을 유지하며 잘 작동하게 하는 데 필수적이다. 그래서 시민단체가 구성한 작은도서관협의회는 도서관마다 정규 사서를 채용할 것을 요구했고 부천시는 이를 수용했다.

누구나 원하는 만큼 독서의 기회를 갖게 하는 것이 도서관의 가장 중요한 역할이라면, 부천의 도서관 네트워크는 이 역할을 가장 충실하게 해내고 있다. 부천시와 시민사회가 가꾸어놓은 네트워크가 도시를 하나의 거대한 도서관으로 만들고 있다.

부천의 도서관 체계

국가도서관통계시스템은 전국의 도서관을 국립도서관, 공공(일반, 어린이)도서관, 작은(문고)도서관, 장애인도서관, 병영도서관, 병원도서관, 교도소도서관, 대학도서관, 학교도서관으로 분류하고 있다. 하지만 설립 주체, 운영 주체, 도서관 장서의 특성 등에 따라 한 도서관이 두 가지 이상의 분류에 속하기도 한다. 예를 들어 다감은 예술전문도서관이면서 공공도서관이지만 부천문화재단이 설립하고 운영하는 도서관으로 사립도서관에 속한다.

  운영 주체가 비교적 일원화되어 있고 체계적인 도서관 운영 관리를 해온 부천은 도서관의 분류 체계가 명확하다. 부천의 역사와 문화를 한눈에 정리해놓은 디지털 부천문화대전에서 부천시 도서관의 분류 체계를 옮겨와 보았다.

1. 시립도서관

공공도서관에 해당한다. 경기도 부천시가 운영하고 있는 공공도서관은 총 9개관으로 각 지역 특성에 맞게 도서관 장서를 갖추고 있다. 주변에 공장과 대학이 밀집한 부천시립중앙도서관은 기술과학에, 1985년에 개관한 부천 최초의 도서관인 부천시립심곡도서관은 역사에, 부천만화정보센터 인근의 부천시립북부도서관은 예술에, 부천시립책마루도서관은 인문·사회과학에, 부천시립꿈빛도서관은 어린이 관련 서적 구비에 각각 주안점을 두고 있다. 부천시립중앙도서관 자료선정위원회가 매주 2000권을 구입해 각 도서관 특성에 맞게 책을 배분하고 있다.

2. 전문도서관

부천 시립 공공도서관 중 일부와 장애인도서관, 어린이도서관 등이 여기에 속한다. 부천의 경우 9개의 시립 공공도서관 모두에 특화된 장서 분야가 있어 시립도서관은 모두 전문도서관이라고 말할 수 있다. 전문도서관으로는 부천문화재단이 운영하는 예술정보도서관인 다감과 부천만화도서관, 부천점자도서관, 부천족보전문도서관, 부천문화재단의 어린이도서관 등이 있다. 또 시각장애인전문도서관인 해밀도서관과 과학전문도서관인 한울빛도서관, 어린이전문도서관인 꿈여울도서관도 개관했다.

3. 대학도서관

대학도서관으로는 4년제 대학도서관인 가톨릭대학교 도서관, 서울신학대학교 도서관과, 2년제 대학도서관인 유한대학 몽당도서관, 부천대학도서관의 2개 도서관이 있다.

4. 소형도서관

작은도서관에 해당하는 유형이다. 소형도서관(공립 마을 도서관)은 2002년부터 부천시의 주민자치센터와 종합복지관, 문화센터 등 관공서의 유휴 공간을 활용하여 설치했다. 현재 부천시에는 도란도란어린이도서관, 복사꽃필무렵도서관, 새싹어린이도서관, 아름드리도서관, 신나는가족도서관, 꿈나무가족도서관, 햇살이가득한도서관, 약대신나는가족도서관, 행복한도서관, 사랑나무가족도서관, 소새울가족도서관, 고리울꿈터도서관, 민들레홀씨도서관, 소나무푸른도서관 등 13곳의 소형도서관을 운영하고 있다.

06
여행하는 책, 여행자의 책

달리도서관

강예린

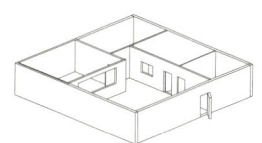

여행과 책이 맺는 관계

여행을 갈 때 어떤 책을 가져갈지 결정하는 것은 욕심과 고심 사이에서 벌어지는 줄다리기와 같다. 2003년에 처음으로 장기간 여행을 가게 되었을 때 나는 '혹시 필요할지도 모르는 책'이 얼마나 많았는지 가방에 도서관이라도 차릴 기세였다. 각 도시의 여행 정보서, 조금 더 심오한 배경 지식이 알고 싶어졌을 때 볼 역사책, 혹시 생길지 모를 무료한 순간을 대비한 소설책 등 갖가지 책들을 꾸역꾸역 배낭에 넣다가, 배낭이 너무 무거워져서 결국 한 권만 남기고 모두 다시 빼내고 말았다.

이때 고심 끝에 선택한 딱 한 권의 책이 바로 이탈로 칼비노(Italo Calvino)의 소설 『보이지 않는 도시들』의 영문 판이다. 굳이 영문 판으로 들고 간 것은, 당시엔 번역본이 아직 없었기 때문이지만, 번역본이 있었더라도 선택은 바뀌지 않았을 것이다. 여행에는 지루한 순간이 자주 있으니, 깨작깨작 읽을 수밖에 없는 외국 서적을 가지고 가서 이 누락되기 쉬운 시간을 벌어보겠다는 생각이었기 때문이다. 그리고 짐작대로 긴 여행이 끝나갈 즈음에야 그 책을 다 읽을 수 있었다.

여행지에서 책의 역할은 여행으로 미처 채우지 못한 여백을 메우는 것만은 아니다. 책을 읽으면서 사람들은 여행지로 이미 와버린 몸과, 떠나온 그곳에 아직 남아 있는 마음 사이의 시공간적인 불균형을 맞추기도 한다. 몸은 지금 이곳이 현실인데, 마음속 현실은 저 멀리 있다면 주변의 풍광과 물산을 보아도 보지 않은 것과 다름이 없다. 독서는 꼬리를 무는 걱정과 망상을 밀어내고 현재의 자리로 여행자를 불러들인다. 책 속 이야기는 여행지의 이야기와 결합되면서, 여행지를 증강 현실로 만드는 데 기여한다. 책은 여행의 단순한 소모품이 아니라 필수품이다.

제주도의 '달리도서관'은 여행과 책이 맺는, 이 보완의 관계에 주목했다. 이 관계를 살피러 7월 중순, 본격적인 휴가철을 앞두고, 비행기값이 더 비싸질세라 부랴부랴 도서관을 찾았다.

제주 여행자를 위한 도서관

달리도서관은 제주도로 여행 온 사람들을 위한 도서관이다. 제주 출신 여성 5명이 힘을 합쳐 만들었다. 낯선 사람을 만나는 것이 여행의 즐거움 중 하나라면 낯선 책을 만나는 것도 그만큼 즐거운 일이다. 여행지에서 뜻밖의 책을 만나는 설렘을 주는 것이 이 도서관의 목표이다.

"저는 제주 섬에서 태어났는데 한창 자랄 때는 이 좋은 자연이 안 보였어요. 서울에서 10여 년을 보낸 뒤 다시 정착하려고 내려와 보니 비로소 이곳이 다르게 보였지요. 제주 섬에서

달리도서관 입구

나고 자랐지만, 고향을 이방인의 시선으로 바라볼 수 있게 된 것이지요. 여행자를 위한 도서관을 만든 것은 저 자신이 제주도와 육지의 양쪽에 걸쳐 서 있구나 하는 자각에서 비롯되었습니다. 이곳의 자연을 찾은 사람들에게 문화적인 풍요로움을 더해주고 싶었어요."

달리도서관을 만든 여성 5인방 중 한 사람인 박진창아 관장님의 말이다.

한국에서 여행지의 대명사 격인 제주도에 도서관이 결합하는 것은 꼭 올레길이 그러하듯 여행이 가진, 치유와 성찰의 측면을 강조하는 것처럼 보인다. 책 속 이야기와, 내가 현실에서 끌고 간 이야기가 낯선 자연 속에서 만나는 것이다. 여행 다음의 삶은 반드시 이 시간의 영향을 받게 될 것이다.

치유와 성찰에 필요한 세 가지 중요한 요소, 즉 자연과 책과 여행은 이 도서관을 운영하는 뼈대다. 실제로 달리도서관을 자주 찾는 단골들이 그것을 증명한다. 한국여성재단에서 운영하는 '짧은 여행 긴 호흡' 같은, 여성 단체에 공정 여행을 지원하는 프로그램이나, '트래블러스맵(Travelers Map)'처럼 지속 가능한 대안 여행을 소개하는 사회적 기업을 통해 여행하는 사람들이 제주에 오면 이곳에 꼭 들른다.

도서관과 게스트 하우스의 만남

달리도서관은 '밤의 도서관'이기도 하다. 여행자들은 이 도서관에서 책을 볼 뿐만 아니라 잠을 잘 수도 있다. 과거 보습 학원일 때 만들어진 칸막이 구조를 이용해서, 제일 안쪽의 한 칸을 도서관 부속 게스트 하우스로 운영하고 있다. 밤이 되면 밖에서 도서관에 출입하는 것은 통제되지만 안에 머무는 사람들은 예외다. 이들은 자유롭게 객실을 나와서 통째로 도서관을 이용할 수 있다. 달리도서관의 이름을 풀어내면 '달빛 아래 책 읽는 소리'인 이유가 여기에 있다.

밤의 도서관은 얼마나 매력적인가. 어떤 사람들에게는 모든 것이 뚜렷한 낮보다 어스름한 밤이, 책의 희미한 글줄 사이를 뚫고 이야기에 성큼 다가가기에 적절한 시간이다. 세계적인 독서가이자 작가인 알베르토 망구엘(Alberto Manguel)은 아예 밤에 이용하는 도서관을 짓고 말았지 않은가. '낮의 도서관이

게스트 하우스의 방 벽에는 그간 다녀간 여행자들이 남긴 메모가 빼곡하다.

•
알베르토 망구엘이 쓴 『밤의 도서관』에 이런 구절이 나온다. "낮 동안에 도서관은 질서의 세계이다. 나는 분명한 목적하에 문자로 쓰인 글들을 읽어가며 이름이나 목소리를 찾고, 주제에 따라 내 관심에 맞는 책을 찾아낸다. 도서관의 구조는 난해하지 않다. 직선들로 이루어진 미로지만, 방향을 잃게 하기 위한 미로기 이니리 원히는 걸 쉽게 찾기 위한 미로이다. (중략) 그러나 밤이 되면 분위기가 바뀐다. 소리는 줄어들고, 생각의 아우성은 더 높아간다."

질서의 세계라면, 밤의 도서관은 소리가 줄고 생각의 아우성들만 들릴 뿐'•이므로.

낮 시간을 쪼개고 발라내서 부지런히 이곳, 저곳을 향유해야 하는 여행자들은 밤이 되어야 비로소 자리에 앉아 책을 읽을 수 있다. 여행자의 독서 시간은 밤이다. 그래서 여행자의 도서관은 밤에 그 진면목을 발휘한다.

그러나 모든 여행자들이 달리도서관의 게스트 하우스를 이용할 수는 없다. 달리도서관에 묵을 수 있는 사람은 여성이나 가족에 한정된다. 굳이 이런 제한을 둔 이유에 대해 관장님은 이렇게 설명했다.

"게스트 하우스가 지금이야 많지만, 도서관을 만들까 고민하던 2009년 초반에는 이 정도로 많지는 않았어요. 여자 혼자, 혹은 두세 명이 여행 가면 어디에서 머무느냐가 언제나 숙제였습니다. 혼자 모텔에 갈 수도 없고, 민박집은 혼자 다니는 여성을 수상하게 바라보는 것 같아서 꺼려졌어요. 그래서 도서관만큼 안심이 되는 여성 숙소를 만들어야겠다고 생각했죠. 그러다 아예 도서관과 숙소를 같이 만들게 된 것이지요."

지방의 전설과 민담 속에 등장하는 1만 8000명의 신 중 절대 다수가 여신인 제주도에서 여성이 아니면 누가 여성을 보호하겠는가. 특히 올레길이 주목받은 이후, 혼자 여행하며 자신만의 시간을 갖고자 하는 여성들이 많아지는 상황에서는 더욱 환영할 만한 일이다.

서재＋서재＋서재＋서재＝도서관

달리도서관은 전문 사서와 전문 장서 체계가 있는 도서관은 아니다. 게다가 도서관에서 책을 구입하거나 기부를 받지도 않는다. 그럼 도서관의 책들은 모두 어디에서 온 것일까? 달리도서관의 책꽂이에는 여러 사람들이 자기의 서재 한 칸을 뚝 떼어다 옮겨 놓은 책들이 가득하다.

그러니까 달리도서관에 있는 모든 책은 각각 주인이 따로 있다. 각 사람들은 자기가 읽고 좋았던 책, 의미 있는 책, 추천하고 싶은 책, 빌려주고 싶은 책들을 달리도서관에 보낸다. 기부는 아니고 언제든 찾아갈 수 있는 위탁의 형식이다.

어느 번역가는 자신이 번역한 책들만 모아 15권 정도 보냈다. 어느 문화인류학자는 삶에서 가장 의미 있었던 책들을 골라 보냈다. 어느 아기 엄마는 임신 중에 읽었던 세계문학전집 중 태교에 큰 도움이 된 책들을 추려서 보냈다. 어느 부부는 쌍둥이 자녀들이 커서 이다음에 제주도에 놀러왔을 때 읽었으면 하는 책들을 보냈다. 그리고 이 부부 중 남편의 직장 후배는 쌍둥이와 사돈을 맺고 싶다며, 자기 아이를 위한 책들을 보내고는 쌍둥이 책장 옆에 놓아달라고 부탁했다. 한국외국어대학교 생활도서관 지킴이들은 도서관을 지키며 읽은 책 중 가장 좋았던 것들을 선별해서 보냈다. 이렇게 다양한 책장 중 가장 눈에 띄는 자리에 있는 책장은 영화감독 임순례의 책장이다.

달리도서관은 책꽂이마다 나무 조각으로 만든 이름표가 붙어 있다.

유명한 감독의 '이름값'을 할 수 있도록 배려한 것이란다.

달리도서관은 각 사람들의 서재를 모아 '조립'하여 도서관으로 이뤄낸 경우다. 얼마 전 포털 사이트 네이버에서 여러 유명 인사들이 자기 서가의 책을 소개하는 '지식인의 서재'라는 코너를 마련하여 눈길을 끈 바 있는데 이곳에서는 그 서재들을 실제로 한눈에 볼 수 있는 셈이다. '지식인의 서재'의 성공 이후로 쏟아져 나온, 특정 개인들의 독서 편력에 대한 호기심의 근저에는 그 사람을 알고 싶다는 마음이 있다.

책의 수집이 이러한데, 책을 정렬하는 방식이 보통의 도서관과 같을 수는 없다. 그래서 이 도서관의 책과 책꽂이 옆에는 철학, 문학, 외국어 같은 분류 대신에 책을 보낸 사람들의 이름표가 붙어 있다. 이 이름표 때문에 책을 고를 때면, 마치 친구네 집에 놀러가서 그 가족의 책꽂이를 훑어보는 느낌을 받게 된다.

달리도서관의 이름표 달린 책꽂이를 보면서, 몇 년 전 네덜란드의 어느 도서관에서 했던 프로젝트가 떠올랐다. 도서관 이름은 기억나지 않지만, 그 독특한 프로젝트만큼은 아직도 인상 깊게 남아 있다. 이 도서관에서는 사람들이 빌렸다가 반납한 책들을 다시 원래의 자리에 되돌려놓지 않고, 열람실 한 쪽에 마련한 빈 책장에 따로 꽂아두었다. 도서관 방문자들이, 다른 사람들이 빌려갔던 책 목록을 마치 논문의 참고문헌 목록을 보듯 훑어볼 수 있게 한 것이다. 이 프로젝트는 한 사람이 심사숙고해서 골라 놓은 책 무더기는 다른 사람에게 새로운 분류가 될 수 있다는 가정에서 출발했다. 달리도서관의 서재

정렬 방식도 이와 비슷하다. 저마다 다른 직업과 취향, 관심사를 가진 사람들이 보내온 책 무더기는 철학, 문학, 외국어 등으로 분류되는 것보다 더 구체적이고 매력적이다.

나는 한참 동안 책꽂이를 살펴보았다. 마치 문패만 보고 불쑥 어떤 집에 들어가서 집주인의 서재를 탐색하는 기분이다. 어떤 책꽂이는 마치 내 책장에서 그대로 옮겨온 것마냥 닮았다.

한국외대 생활도서관 지킴이들의 서재에는 사회에 대해 고민하기 시작한 대학생들의 열정과 호기심이 보인다. 고 함석헌의 『뜻으로 본 한국 역사』, 우석훈의 『88만 원 세대』, 박노자의 『당신들의 대한민국』, 조한혜정의 『글 읽기와 삶 읽기』, 카(E.H. Carr)의 『역사란 무엇인가』 등이 꽂혀 있다. 고등학교 때까지는 생각해보지 못했던, 자기가 밟고 선 조금 더 넓어진 땅이 어떤 곳인지 찾고 또 반문하고자 하는 포부가 거기 있다.

여행자의 시선을 유달리 끌어당기는 책꽂이도 있다. 틱낫한(Thich Nhat Hanh)의 『이른 아침 나를 기억하라』, 조은의 『벼랑에서 살다』, 이블린 폭스 켈러(Evelyn Fox Keller)의 『생명의 느낌』, 박재동의 『실크로드 스케치』, 존 카밧진(John Kabat-Zinn)의 『당신이 어디를 가든 거기엔 당신이 있다』 등 여행자의 감성을 더욱 풍부하게 해주거나 혹은 여행지에서 깊은 자아성찰을 끌어낼 수 있도록 돕는 책들이 가득하다. 낮의 여행에 지친 여행자가 밤에 들어와서 읽으면 피곤이 가시고, 흐트러졌던 마음도 정돈될 것 같다.

철학, 소설, 사회과학, 자연과학으로 이어지는 일반적인 장서 분류 체계는 책이 놓인 자리를 지시할 뿐, 그 내용을 제시하

달리도서관 휴게실은 누가 봐도 집안의 거실을 빼닮았다.

달리도서관의 열람실 내부. 볕이 잘 들어 실내가 환하다.

지는 않는다. 그러나 달리도서관에서 누군가의 책꽂이를 만나는 것은 그 주인에게 삶이라는 여행에서 이 방향으로 가보는 것은 어떤가 하는 조언을 듣는 것과도 같다.

달리도서관에 책을 보낸 사람들은 그 대가로 이곳에서 무료로 숙박할 수 있는 자격이 생긴다. 어떻게 보면 사람보다 책이 먼저 여행을 온 셈이다. 언젠가 제주도에 올 미래의 나, 나의 친구, 가족, 혹은 낯모르는 이들이 펼쳐볼 수 있도록 책이 미리 여행을 준비해둔 것이다. 앞서 말한 쌍둥이 부부는 실제로 벌써 이곳을 다녀갔단다. 아이들이 아직 어려서 책꽂이의 책을 읽지는 못했다. 쌍둥이가 책을 읽을 수 있을 만큼 머리가 굵어질 때까지, 쌍둥이의 책들은 제주도에서 다른 이의 책들과 더불어 쌍둥이의 성장을 기다릴 것이다.

달리도서관은 책 자체를 제주도 안에서 여행시키는 프로젝트도 궁리하고 있다. 제주도가 이렇게 큰데, 여행자의 도서관이 제주시 한 곳에만 매여 있다는 것은 안 될 말이다. 제주 섬 동서남북에 위치한 게스트 하우스들로 책을 순환시킴으로써 제주도의 아름다운 여행지 곳곳에서 책을 읽을 수 있는 환경을 만들려고 한다. 그래서 달리도서관 분관이 되어 뜻을 같이할 수 있는 게스트 하우스를 열심히 찾아다니는 중이다.

**보습 학원이라는
공간적 조건**

작은도서관은 큰 도서관을 짓기 어려울 때 선택하는 '규모'의 전략으로, 그 기동성을 살려서 다른 용도로 사용 중인 기존 건물에 둥지를 틀곤 한다. 따라서 작은도서관은 끼어든 공간의 습성을 충분히 변용해서 도서관이라는 새로운 프로그램을 받아들일 수 있게 만드는 과제를 갖게 된다. 정식 도서관은 사전 준비와 충분한 예산이 확보되어야 시작할 수 있는 것이니, 그 모든 혜택을 기다릴 수 없는 작은도서관은 공간의 변형이 필수다.

달리도서관에 주어진 '공간적 조건'은 중학생 대상 보습 학원이었다. 건물 주인은 달리도서관의 뜻에 동참하여, 근린상가의 2층에 있는, 원래 보습 학원으로 사용되던 곳을 도서관에 무상으로 임대해주었다.

여러 사람의 서재를 조립해 도서관을 완성한 장서 체계 방식은, 이 도서관의 물리적인 틀이 만들어진 방식과 유사하다. 도서관 공간도 그렇게 서서히 완성되었다.

보습 학원이라는 공간은 교습을 받을 수 있는 칸을 최대한 잘게 나누는 것이 특징이다. 이런 조건에서 열람실 위주의 큰 공간을 만들려면 공사가 커질 테니 애초의 공간 기획에서 큰 공간은 제외되었다. 그 대신 쪼개진 공간을 최대한 많이 이용할 수 있도록 그 공간에 맞는 단위들로 채워갔다.

우선 정문에서 가장 먼저 보이는 쪽에 도서관을 두고, 제일 안쪽에 게스트 룸을 두어서 공적인 영역에서 사적인 영역으로 점차 옮겨가도록 배치했다. 그리고 도서관 공간 중 가장 중요한 열람실은 거실과의 사이에 있던 창문을 제거해 시각적으로 열려 있도록 만들었다. 이 열람실은 도서관에서 가장 자랑하는 공간인데, 모기장을 치고 열어놓은 창문으로 담쟁이가 올라와서, 완벽한 벽지를 이루고 있다.

자연이 선사한 밝은 빛 덕분에, 특히 아이들이 여기서 책

서울에 잠시 '여행' 온 달리도서관. 지난 2012년 5월에 서울의 문화 공간인 통의동 '보안여관'에서 주최한 예술적 슬로 마켓 '세상의 모든 아마추어'에 초대되어 달리도서관이 서울을 방문했다.

읽는 것을 좋아한단다. 그래서 이곳에는 어린이 그림책이나 청소년 도서들을 주로 배치했다. 공간을 조직하는 세련된 언어는 없지만, 조건에 응대한 공간이 이뤄낸 균형감을 느낄 수 있는 장소다. 서툰 손길이지만, 설렁설렁 쌓아올린 공간이 아니라 단단하게 다진 공간이다.

제주 섬을 이해하기 위하여

달리도서관은 여행자들을 대상으로 시작했지만, 지역 사람들에게도 문을 항상 열어놓는다. 특히 동네 어린이들과 제주도에 '이민' 온 외지인들이 달리도서관을 자주 찾는다. 제주도 사람이면서 제주도를 여행하는 사람들도 찾아온다.

    자체적으로 여러 가지 프로그램도 운영하는데 주로 여행과 자아의 발견에 초점을 맞추고 있다. '마인드 힐링', '평화 여행기', '요가 치유', '자전거 여행', '중등 세상을 만나다'와 같이 치유와 여행을 배우는 프로그램을 통해 제주도를 다르고, 깊게 볼 수 있도록 돕는다. 제주는 이른바 '슬로 시티'의 대명사로 알려져 있지만, 정작 제주에서 일상을 꾸리는 제주인들은 여타 도시와 다름없이 일상의 빠르기로 살아가게 되는데, 이들에게도 달리도서관의 프로그램은 제주도를 새롭게, 낯설게 보는 기회이다.

    제주에 뿌리를 내리고 있는 도서관답게, 제주도의 문화를 새롭게 발견하는 프로그램도 운영한다. '그 남자 / 그 여자의 저녁 초대'라는 프로그램에서는 제주에서 독창적인 문화를 일구어온 사람들, 예컨대 '제주 토종 인디레이블 기획자', '제주도 여행자센터장' 등을 초대해서 제주도의 문화적 잠재력을 캐내고 있다.

달리도서관은 제주에 사는 사람에게도 쉽게 눈에 띄지 않는 제주를 드러내려고 노력한다. 제주도를 계속 발견해나가는 것은 달리도서관의 목표다. 제주 밖의 사람도, 제주 안의 사람도 이 독특하고 아름다운 섬을 온전하게 이해할 수 있는 것은 아니므로 달리도서관의 여행은 계속된다.

『보이지 않는 도시들』에서 찾아낸 책과 여행의 관계

책과 여행의 독특한 관계는 이탈로 칼비노의 소설 『보이지 않는 도시들』에서도 찾아볼 수 있다. 이 시적인 소설에서는 자기가 정복한 제국의 도시들을 알고 싶어 하는 쿠빌라이 칸에게 베네치아의 상인 마르코 폴로가 방문한 도시를 이야기해준다.

둘은 저녁 무렵이 되면 궁궐 안에 있는 정원을 거닐거나 혹은 한쪽에 나란히 앉아서 여행의 기록을 나눈다. 여행자의 과거는 여정에 따라 계속 변하며, 여행지의 현재는 여행자의 기분에 따라서 달라지게 된다. "젬루데 시는 그것을 바라보는 사람의 기분에 따라 형태가 바뀝니다." 책이 우리를 다른 곳으로 이끄는 것처럼, 혹은 여행 이전이나 이후의 시간으로 인도하는 것처럼 마르코 폴로는 보이지 않는, 혹은 볼 수 없는 도시들로 쿠빌라이 칸을 이끈다. 각 도시들에 대한 묘사는 길게 이어지는데, 그 내용을 간단히 살펴보면 이렇다.

머릿속에 무엇인가를 각인하기 위해 스스로를 반복하고 있는 도시 지르마(「도시와 기호들2」), 긴 머리의 여인을 꿈속에서 쫓아간 수많은 사람들이 그 여인을 가두고자 도시 구조를 도망갈 수 없도록 만든 도시 조베이데(「도시와 욕망5」), 도시에 권력, 거래, 기관의 관계들이 생길 때마다, 이 관계가 생긴 해당 건물의 모퉁이 사이에 흰색과 검정색 실을 걸어놓다가, 관계가 너무 많아져서 실이 다리에 걸릴 만큼 늘어나 도시를 걸어다닐 수 없을 지경이 되면, 이 도시를 버리고 다른 곳에 새로 도시를 짓는 에르실리아(「도시와 교환4」), 한 집안을 따라다니는 가정의 신과 한 집에 머물면서 사람들이 오가는 것을 관장하는 양 갈래의 신이 공존하는 도시 레안드라(「도시와 이름2」)…….

쿠빌라이 칸은 마르코 폴로가 전해주는 이야기를 들으며, "그 도시의 한복판을 돌아다닐 수도 있었고, 그 도시에서 길을 잃을 수도, 걸음을 멈추고 신선한 공기를 들이킬 수도, 혹은 달음박질로 달아날 수도 있었다."

마치 눈 먼 자가 들려주는 이야기인 양, 마르코 폴로는 도시의 계단 숫자와 주랑의 아치 모양, 지붕의 재료를 보지도, 말하지도 않는다. 그 대신 계단 폭이 그렇게 만들어지게 된 사건, 공간이 펼쳐지는 방식을 관장하고 있는 역사와 우연을 바라볼 수 있게 한다.

마르코 폴로가 없는 시대에 사는 우리에게 지금 눈앞의 모습을 넘어 보이지 않는 도시를 들여다볼 수 있게 해주는 것은 책이다. 잠깐 스쳐가는 도시에서 감각이 취할 수 있는 것 너머의 것을 취하게 하는 데는 눈이 좇지 못하는, 경관 이면의 서사가 필요하기 때문이다.

마르코 폴로가 묘사하는 도시들은 실제의 도시가 아니라, 서로 닮아 있는 가공의 구조물들이다. 매일같이 이 베네치아 상인의 여행기를 듣던 칸은 점차 마르코 폴로의 도시들이 서로 닮았다고 의심하기 시작한다. 도시들은 '도시와 기억, 도시와 욕망, 도시와 교환, 도시와 하늘, 도시와 기호들, 섬세한 도시들, 도시와 죽은 자들, 숨겨진 도시들, 도시와 눈들, 지속되는 도시들'● 같은 기본 항목을 서로 교환할 뿐이다.

우리가 떠나온 도시와 지금 여행지에서 발 딛고 있는 이 도시를 서로 비교해볼 수 있게 하는 것도 여행이다. 여행자의 과거는 거쳐온 여행지에 따라 변화하고, 여행자는 과거 혹은 미래를 찾기 위해 이곳에 속하지 않은 현재를 누린다.

● 이늘은 『보이지 않는 도시들』의 장 제목들이다. 이 책의 장 제목은 그 자체로 기호학의 연구 대상이 될 만큼 흥미롭다.

07
서고 없는 도서관은 가능할까

국립디지털도서관

이치훈

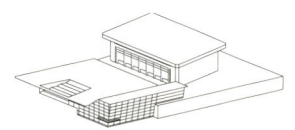

**서가에서 길을
잃는 즐거움**

내가 살면서 가장 많은 시간을 보낸 도서관은 대학 시절에 다닌, 학교 중앙도서관이다. 건물 정면에 열주가 권위적으로 늘어서 있어, 외관만 보면 두꺼운 양장본 고서들이 줄지어 들어앉은 거대한 책장이 연상되는 도서관이다. 그 안에는 층마다 책 향기를 가득 머금은, 깊은 미로와도 같은 서고들이 있었다. 도서관에 들어갈 때면, 항상 열람실 입구에서 먼저 검색을 해서 책 제목과 분류 번호를 쪽지에 적어 손에 쥐고 들어갔는데도 그 미로에서 길을 잃곤 했다.

쪽지에 적힌 번호대로 찾아가기만 하면 되는데, 나는 늘 목적지로 가던 와중에 마구리를 내밀고 꺼내달라 손짓하는 다른 책에 한눈을 팔았다. 목적지에 도착해서도 정작 대출해야 할 책은 뒷전에 두고 서가 전체를 쭉 훑어본 뒤 맘에 드는 책을 이것저것 뽑아 옆구리에 끼고 열람실에 나가 읽곤 했다. 그렇게 한참을 이책, 저책 뒤적이다 다음 수업 시간이 다가오면 그제야 대출 한도만큼의 책을 추려서 자리에서 일어난다. 그렇게 대출한 책 중, 원래 빌리려고 했던 책은 대개 한두 권밖에 없다. 나머지는 그 주변과 길목에 있었던, 전혀 빌릴 계획이 없었던 책들이다.

산만하기 그지없는 관심사와 다소 무모한 책 욕심 때문에 나는 미로 같은 서고에서 효율적으로 움직이지 못했다. 하지만 유사한 주제별로 꽂혀 있는 책들을 꺼내보고 들춰보는 동안, 넓고 깊은 책의 세계를 일부나마 감지할 수 있었다.

이렇게 서고에서 길을 잃는 것은 책을 읽는 재미 중의 하나가 아닐까? 책을 읽다가 흥미로운 주석이나 인용에 이끌려 다른 책으로 계속 손을 옮기며 책이 열어주는 여러 갈래의 길로 들어서다 보면 어느새 독자는 수십, 수백 년의 시간을 훌쩍 뛰어넘어 말을 걸어오는 저자들을 한꺼번에 만나게 된다. 그래서 도서관에 들어갔다 나올 때마다 머릿속의 도서 목록 또한 넓고 길게 확장된다. "도서관의 이상적인 역할은 센 강변의 헌책방 진열대, 즉 우연히 기막힌 보물을 찾아내는 것과 약간 비슷하다." • 하지만 서가에서 길을 잃는 일도 조만간 사라질 날이 올지 모르겠다. 사람들은 곧 서가 대신, 0과 1 사이의 디지털 기호 속에서 길을 잃게 될 것 같다.

• 알베르토 망구엘, 강주헌 옮김, 『밤의 도서관』, 세종서적, 2011

서고 없는 도서관의 시대

2004년 구글은 영국 보들리언도서관에 있는, 100만 권이 넘는 19세기 공개 도서를 3년 내에 디지털 파일화하는 일에 파트너십을 체결했다. 보들리언도서관에 가지 않으면 볼 수 없는 고서를 온라인 상에서 열람할 수 있도록 공개하는 것이 목표였다. 일명 '구글북스라이브러리프로젝트(Google Books Library Project)'. 이후 구글은 하버드대학교를 시작으로 미시간대학교, 뉴욕공립도서관, 옥스포드 및 스탠포드대학과 파트너십을 통해 대학도서관 및 주요 공공도서관의 장서들을 스캔하기 시작했다. 2005년에 저작권 문제로 작업이 약간 지연되기는 했지만 2012년 현재 이미 2000만 권가량의 책을 스캔했다고 한다. 우리나라에서 가장 큰 도서관인 국립중앙도서관의 장서량이 800만 권 정도이니 그 2배가 넘는 양이다.

게다가 구글은 스캔할 때 광학문자인식(Optical Character Reader) 기술을 쓰고 있다. 이 기술은 지면의 활자를 이미지가 아닌 텍스트 정보로 저장하기 때문에 독자는 책의 본문까지 검색할 수 있다. 어떤 책에 어떤 단어가 몇 번이나 나오는지, 그 키워드와 연관된 다른 책은 무엇이 있는지 검색할 수 있다는 뜻이다. 인류가 수천 년 동안 종이에 적어 서고에 켜켜이 쌓아 온 지식이 이제는 구글 사옥 어딘가에 있는 거대한 서버에 저장되고 있다. 이 서버에서 책은 단순히 비물질화되는 것이 아니다. 서버에서 책은 계열화되고 재구성되어 새로운 지식으로 탄생할 수도 있을 것이다. 구글의 프로젝트가 전 세계 도서관으로 확대된다면 언젠가 우리는 세상의 모든 책을, 거실에서 키보드를 두드려 찾아볼 수 있을 것이다.

구글의 프로젝트는 변화하는 독서 환경에 따라 책뿐 아니라 도서관의 형식도 진화해야 한다는 점을 암시한다. 이제 우리는 서고 없는 도서관의 시대를 준비해야 하는 것일까?

IT 강국이라고 하는 우리나라의 국립중앙도서관도 1982

최첨단 시설을 자랑하는 디지털열람실. 열람실 어디에도 종이 책을 보관하는 서고는 없다.

년부터 자체 소장 자료에 대한 전산화 작업을 시작했고 2008년에 본격적으로 국립디지털도서관(이하 디지털도서관)을 개관했다. 이 디지털도서관에는 정말 서고가 없다. 지상 3층, 지하 5층으로 이루어져 연면적 3만 8014제곱미터에 달하는, 바로 옆에 있는 국립중앙도서관보다 1000여 평이나 더 넓은 공간이 디지털 미디어를 열람할 수 있는 컴퓨터, 모니터로 가득 차 있다.

국립디지털도서관은 구글처럼 이미 출판된 종이 책을 스캔해서 제공하지는 않는다. 국립중앙도서관의 일부 도서를 디지털화하여 구축한 원문 DB와, 2009년에 도서관법 개정●을 통해 수집한 전자 책, 전자 잡지 등만 제공하고 있다. 여기서 열람할 수 있는 전자 책은 모두 20만 권 정도이다. 국립중앙도서관의 800만 권에 비하면 아직 미미한 수준이지만, 그래도 적지 않은 숫자다.

● 2009년에 개정, 공표된 도서관법에서는 '도서관자료'의 범위를 종전의 오프라인 매체(정보가 축적된 모든 매체)에서 온라인을 포괄하는 콘텐츠(발행 또는 제작된 자료[온라인 자료를 포함])로 변경, 확대했다. 국립중앙도서관이 국가 차원에서 보존 가치가 높은 온라인 자료를 수집, 보존하도록 하고, 특정한 경우에 자료 제공자에게 이에 협조하도록 했다. 특히 장애인용 자료의 효과적 제작, 보급을 위하여 필요한 자료는 디지털 파일 형태로 납본을 요청할 수 있도록 했다.

디지털 시대의 베이스캠프

디지털이 이른바 대세라고는 해도, 새로운 매체가 오래된 매체를 완전히 대체하기란 쉽지 않은 일이다. 구글 프로젝트 덕분에 모든 책을 인터넷으로 볼 수 있다는 꿈은 점점 현실감 있게 다가오지만, 사실 책을 스캔하는 데에 드는 막대한 비용과 저작권 문제 등 해결해야 할 일도 적지 않다.

참고로 미국의 연구 도서관●●에는 약 5억 4300만 권의 책이 있는데, 애초에 구글이 하버드대학교 와이드너도서관부터 시작해서 미국의 대형 도서관 5곳을 통해 디지털화하려는 도서는 약 1500만 권이었다. 적지 않은 양이지만, 그래도 미국 연

●● 미국에서 전문적인 학술 자료를 소장하는 도서관을 가리키는 말로, 대부분 국립도서관과 대학도서관이 여기에 속한다.

구 도서관 소장 도서의 약 2.7퍼센트에 불과하다. 매체 관련 기술이 많이 발전했다고는 하지만 아직 우리에겐 책을 모아둘 도서관이 필요하다.

그러나 디지털도서관의 역할이 단순히 책을 디지털 형태로 탈바꿈시켜 소장하는 것만은 아니다. 디지털도서관에는 또 하나의 아주 중요한 존재 이유가 있다. 바로 점차 변화하는 매체 환경에서 소외되는 사람이 없도록 하는 것이다. 종이 책에서 디지털로, 매체 환경이 크게 변화하면 그 변화에 재빨리 적응하지 못한 사람들은 자칫 소외될 우려가 있다. 이 변화가 얼마나 심대한 것인지는 아직 충분히 경험하지 않았지만 이러한 변화는 아직 독서가 듣는 행위에 더 가까웠을 때, 그러니까 인쇄 기술이 발전하기 전 많은 사람들이, 재력과 지식이 있는 소수의 사람이 '낭독'하는 소리를 듣는 것으로 독서를 대신하던 시절을 떠오르게 한다. 인쇄 매체가 발달하기 전에 많은 사람들이 종이 책으로부터 소외되었듯, 디지털 매체 환경이 충분히 성숙하기 전에, 또 많은 사람들이 전자 책으로부터 소외될지 모른다. 디지털도서관은 그런 사람들이 생기지 않도록 일종의 베이스캠프의 역할을 수행한다.

누구나 소외되지 않고 자료에 평등하게 접근할 수 있는 기회는 사실, 소장 자료가 모두 디지털 형태이기 때문에 더욱 용이해지는 면이 있다. 예컨대 디지털도서관의 장애인 서비스는 장애인의 특성에 맞는 보완 매체의 활용 기회를 높여 지식과 자료에서 장애인이 소외되지 않도록 하고 있다. 디지털화된 자료는 음성으로 변환돼 시각 장애인에게 제공될 수 있고, 청각 장애인은 시각 자료를 원하는 대로 확대, 변형하며 구독할 수 있다. 또한 다문화 가정을 구성하는 이주민들이 자신들의 언어로 디지털 정보를 열람할 수 있는 환경도 제공된다. 모든 열람석이 휠체어로 접근할 수 있는 좌석으로 마련된 것은 기본이다. 프로그램이나 기기 등의 하드웨어 환경과 더불어 많은 사람들이 디지털도서관의 방대한 자료를 더 효과적으로 이용할 수 있도록 이용자 교육 또한 적극적으로 이루어지고 있다. 상대적 약자를 위한 매체 환경을 만들기 위해서는 앞으로도 많은 보완과 수정이 필요하겠지만 성별, 국적, 언어, 장애의 여부에 관계 없이 모든 사람들이 지식과 정보에 접근하는 데 불편함이 없도록 문턱을 낮추려는 노력은 계속되고 있다.

도서관에 로그인하기

디지털 환경에 남보다 먼저 적응하고자 하는 사람에게도, 국립디지털도서관은 베이스캠프이다. 변화된 매체를 적극 활용하기 위해서는 그 환경에 맞게 나의 몸을 적응시켜야 한다. 그 훈련 공간으로 디지털도서관만큼 적절한 장소도 없다.

나도 '적응 훈련'을 위해 디지털도서관에 들어섰다. 압도적인 시설과 규모 앞에 우선 긴장감이 생긴다. 도서관 입구는 지상 5층 정도의 높이로 날아갈 듯한 지붕 아래, 주변의 모든 환경을 거울처럼 비추는 커튼월(투명 유리 등을 사용한 빌딩 외벽 마감)로 싸여 있다. 이런 첨단의 외양은 이곳이 새로운 미디어의 아카이브임을 여실히 보여준다. 하지만 건축이 용도를 설명하는 직설적인 언어로만 포장되지 않았으면 하는 바람 때문에 약간 지하철 개찰구를 닮은 열람실 입구. 좌석 예약 시스템과 연결되어 외출 등이 체크된다.

디지털도서관의 건축 모형. 거대한 가상 게임 같은 무대에 사람들이 이리저리 오가고 있다.

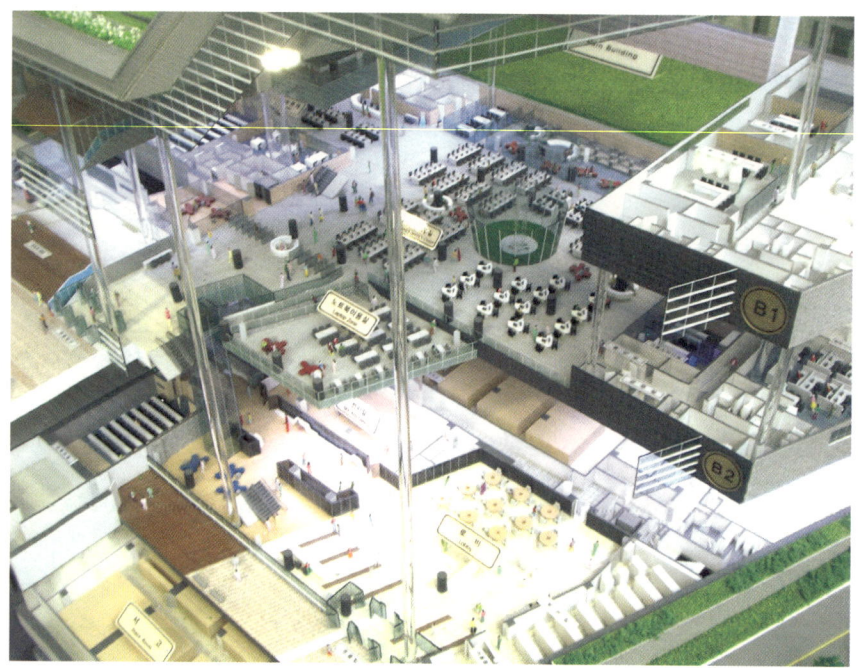

아쉬움이 남는다.

　입구에서 이용증 무인 발급기에 아이디와 비밀번호를 입력하고 일일이용증을 받았다. 이용증을 받아야만 도서관 입장이 가능하다. 발급받은 이용증을 들고 가방 보관소로 가서 비치된 모니터에 대고 번호를 지정하니 '로커를 꼭 닫아달라'는 안내와 함께 지정된 로커가 자동으로 열린다.

　내 가방은 로커에 맡겨놓고 도서관에서 제공하는, 속이 훤히 비치는 녹색 비닐 가방에 필요한 것들을 챙겨 담았다. 혹시 필요할까 싶어 가져갔던 책도 함께 넣었다. 가방을 들고 나와 다시 터치스크린으로 가서 디지털 열람실에 자리를 예약하고는 지하철 개찰구 같은 보안대를 통과했다. 예약된 번호의 책상에 앉아, 이용증을 발급받을 때 썼던 아이디와 비밀번호로 로그인하니 컴퓨터가 활성화된다. 잠시 외출할 때는 사용하던 컴퓨터를 '자리 비움'으로 설정하고 외출 승인 데스크에 이용증을 인식시킨 후 다시 보안대를 나가면 된다. 일반 도서관에서는 하지 않는 이런 일련의 과정들을 거치다 보니 내가 도서관이라는 공간에 '로그인'되어 있다는 느낌이 든다. '로그인 → 발급 → 인식 → 예약 → 통과 → 다시 로그인.'

　디지털도서관에는 서고에서 책을 찾느라 이리저리 헤매는 즐거움은 없지만, 정해진 프로토콜에 따라 게임을 하는 것처럼 공간을 누비는 이색적인 재미가 있다. 더욱이 다들 도서관에서 제공하는 비닐 가방까지 달랑달랑 들고 다니고 있어 정말 롤플레잉 게임의 캐릭터들 같다. 무거운 책을 들고 다닐 필요가 없으니, 오가는 사람들의 발걸음도 한결 가벼워 보인다.

미디어센터의 DVD 자료자동대출장치의 내부와 외부, 그리고 지하 수장고(멀티미디어 자료 보관용)의 전경. 자동대출장치의 반대편에는 이용증을 대고 대출을 신청할 수 있는 키오스크가 있다. 여기서 자료를 신청하면 기계 손이 자료를 선택해서 대출대로 자동으로 꺼내어준다.

곳곳에 배치된 키오스크(터치스크린 방식의 정보 시스템)를 통해 내 몸의 이동 경로를 여닫는 재미가 쏠쏠하다.

종이 책의 독서를 금지하다

디지털도서관에는 서고가 없을 뿐 아니라, 독서 행위 자체가 허락되지 않는다. 엄밀히 말하면, 종이 책을 읽는 것이 금지되어 있다. 아무리 디지털도서관이라지만 도서관에서 책을 읽을 수 없다니 다소 아이러니컬하다. 사실 가방 보관소에서 비닐 가방에 소지품을 옮겨 담으며 책을 한 권 넣었을 때도, "여기서는 책을 보시면 안 됩니다." 하고 사서에게 제지를 받았었다. 어느 도서관이든 개인 서적을 반입하는 것은 자제해야 하지만 그래도 찾고자 하는 주제와 관련해서 참고 도서가 필요할 때도 있을 터인데 아예 책을 못 보게 하는 것은 다소 융통성이 없어 보이기도 한다. 알고 보니, 열람실이 책을 읽는 사람들로 사석화되는 것을 막기 위해 만든 규칙이다.

디지털도서관에서는 새로운 독서 방식에 내 몸을 적응시켜야 한다는 점을 다시금 상기했다. 일단 도서관에 '로그인'을 하고 나면 종이 책을 읽던 몸의 습관을 버리고, 디지털 시대의 독서인으로 거듭나야 한다.

종이 책의 습관을 일단 버리고 나면, 종이 책은 절대 만족시켜줄 수 없는 오감 미디어의 세례를 받을 수 있다. 디지털도서관이 소장한 33만 건의 디지털 자료는 일반 도서, 잡지, 신문, 학위 논문을 비롯해 각종 영상 자료와 녹음 자료, 마이크로 필름 자료를 포함한다. 이외에 국립중앙도서관의 '도서관연구소'● 가 만든 도서관 연구 자료, 국립중앙도서관이 직접 제작한 웹 콘텐츠, 국립중앙도서관 전시 자료 등을 검색, 열람할 수 있다.

도서관에서 가장 중심에 있는 공간이기도 한 디지털 열람실은 도서관에서 소장하거나 도서관이 회원으로 등록되어 있는 기관의 온라인 콘텐츠를 열람할 수 있고 문서, 그림 파일 등을 편집할 수 있다. 열람한 자료 중 필요한 것은 근처에 비치된 프린터로 출력할 수도 있다. 이곳에는 일반 모니터, 대형 모니터, 3화면 모니터가 구비되어 있어 작업 성격에 따라 원하는 장비를 이용할 수 있다. 인터넷 접속의 제한이 없기 때문에 자

● 국립중앙도서관은 국가를 대표하는 도서관이니만큼, 도서관과 관련된 정책 개발, 각종 실태 조사, 도서관 통계 및 평가 지표에 대한 조사, 국내외에 흩어져 있는 한국 고서 연구까지 할 일이 많다. 이중에는 도서관 자체에 대한 정보를 소장하는 '도서관의 토시린', 소위 메타 노서관(Meta-Library)의 역할도 있다. 그래서 국립중앙도서관 소속, 도서관을 연구하는 연구소인 '도서관연구소'가 있다.

유로운 웹 서핑도 가능하다.

디지털 열람실을 오가다 보면 다른 사람의 모니터에 떠 있는 자료가 눈에 들어오곤 한다. 나도 도서관 안을 두리번거리다가 멀티미디어 시대의 신종 관람인을 발견했다. 3화면 모니터 앞에 앉아 각각의 모니터에 드라마, 개그 프로그램, 액션 영화를 동시에 띄워놓고 시청하고 있다. 헤드폰이 있어 뒤섞인 소리가 주변에 피해를 주지는 않지만, 세 편의 영상을 동시에 시청하는 사람을 보고 있자니 공연히 내 머릿속이 어질어질하다.

디지털 열람실과 미디어 센터의 멀티미디어 열람실 등이 자료를 구독하고 소비하는 공간이라면, 미디어센터 영역의 일부에 영상, 음향, UCC로 나뉘어 설치된 스튜디오는 각종 콘텐츠를 직접 제작하고 편집하는 공간이다. 이런 콘텐츠 제작 인프라는 다른 도서관에서 쉽게 볼 수 없는 서비스이다. 하지만 생산 영역의 시설을 이용하는 사람은 아직 소수다. 이용자와 도서관이 가장 적극적으로 만날 수 있는 생산 영역이 활성화되지 못하는 점은 디지털도서관이 풀어야 할 숙제이기도 하다.

건축의 모든 언어가 대조를 이루다

'능력'이 되는 사람은 한 번에 3개의 영상을 띄워놓고 볼 만큼 디지털도서관에는 볼거리가 많다. 이것저것 자료를 찾다 보면 하루가 금세 가버린다. 한참 동안 도서관 안을 헤매다가 머리를 식힐 겸, 잠시 '외출 인증'을 하고 도서관 밖으로 나왔다. 도서관 밖은 곧장 거리를 시원하게 가로지르는 반포대로에 면해 있다. 그 옆으로는 국립중앙도서관으로 향하는 계단이 있고

디지털 열람실 옆에 있는 복합상영관. 다양한 영상물을 52인치 스크린을 통해 그룹별로 감상할 수 있다.

그 계단 한쪽에는 커피 가게도 있다. 커피 한 잔을 사 들고 디지털도서관의 '지붕'에 오르니 푸른 잔디밭 끝에 풍채 당당한 국립중앙도서관이 나타난다. 디지털도서관의 지붕은 국립중앙도서관의 앞마당이기도 하다.

국립디지털도서관은 국립중앙도서관, 국립어린이청소년도서관과 더불어 우리나라의 대표 국립도서관 3관 중 하나다. 1945년에 소공동에 개관했던 국립중앙도서관은 1974년에 남산으로 이전했다가 1988년에 지금의 반포로 신축, 이전했다. 국립디지털도서관은 약 20년 뒤인 2009년 5월, 그 앞의 대지에 개관했다. 20년의 차이를 두고 개관한, 비슷한 덩치의 두 건물을 보면 그동안 건축에 대한 생각이 얼마나 달라졌는지 느낄 수 있다.

온 나라가 앞만 보고 내달리던 시절, 국립도서관의 건축은 그 자체가 상징적인 사업이었다. 도서관이 국가 지식의 보고라는 엄숙한 의미를 전달해야 한다는 데에 이견이 없었을 것이다. 그래서 국립중앙도서관은 좌우 대칭인 입면에, 기단(집터를 잡고 반듯하게 다듬은 다음 터보다 높게 쌓은 단) 위에 세워진 몸통과 그 몸통이 떠받치는 지붕 등 권위의 전형을 모두 담고 있다. 서양의 고대 신전에서 시작된 이런 건축의 모양새는 오늘날까지 숭고한 대상이나 범접하기 힘든 권력을 상징하고 있다. 거기에 사서연수관과 자료보존관의 두 부속 건물을 옆에 두고 있어 그 규모는 더 크게 느껴진다. 바로 옆에 디지털도서관이 들어서기 전에는 전면 도로로부터 5층 높이의 계단을 올라야 할 정도로 높고 넓은 부지에 당당하게 서 있었다.

반면 불과 2년 전에 개관한 디지털도서관은 국립중앙도서

국립중앙도서관을 떠받치는 듯한 모습으로 서 있는 디지털도서관

관 앞에서는 어디 있는지 잘 보이지도 않는다. 중앙도서관에 지붕을 앞마당으로 내어주고 그 머리에 푸른 잔디밭까지 이고 있기 때문이다. 경사진 지형 때문에, 반포대로를 따라 남쪽으로 길을 오르다 보면 건물의 꼭대기 층과 자연스럽게 이어진다. 이 꼭대기 층이 디지털도서관의 1층이다. 여기에서 한 번 더 계단을 오르면 디지털도서관의 지붕이자 국립중앙도서관의 마당을 만나게 된다.

마치 훌쩍 커버린 아우가 형님을 무등 태운 것처럼, 디지털도서관은 자연스럽게 지형에 묻혀 국립중앙도서관의 오른쪽으로 비켜나 있다. 지하철 역에서 나와 걷다 보면 만나게 되는, 높고 반짝이는 도서관의 파사드(건물의 주요한 전면)는 지형에 묻

국립디지털도서관의 지붕이자 국립중앙도서관의 앞마당인 푸른 잔디밭

히지 않은 부분이 일부 드러난 것이다. 3층 높이의 공간을 통째로 메인 로비로 내어준 덕분에 규모가 다소 크게 느껴지지만 입구 옆, 지형을 따라 놓인 오솔길 같은 계단을 오르다 보면 거대하던 도서관이 점점 작아지는 느낌이 들면서 1층 입구가 나타난다.

대칭과 비대칭, 육중한 돌과 가볍고 투명한 유리, 땅의 중심에 위풍당당하게 선 자세와 대지 한 켠에 비껴 선 자세 등 종이책 도서관과 디지털도서관은 건축의 모든 언어들이 대조를 이루며 조우하고 있다.

이토록 방대한 가상 세계

디지털도서관은 그 규모와 시설 면에서 세계 어느 도서관에도 뒤지지 않을 만큼 훌륭한 수준으로 계획되었다. 하지만 그 안에 담긴 자료들은 손에 잡히거나 눈에 보이는 것이 아니라서 구석구석 들여다보지 않으면 놓치고 지나기 십상이다. 전자 책이나 시청각 자료는 사실 도서관을 통해 받을 수 있는 서비스 중에서 아주 작은 부분이다. 디지털도서관의 정보는 국내외에 광범위한 네트워크를 이루고 있다. 이런 네트워크 서비스는 디지털도서관의 핵심 기능이자, 공공도서관의 중요한 역할이다. 디지털도서관 내부에서는 세계 각국의 주요 도서관이나, 국가 정보에 접근할 수 있다. 각 기관들이 서로 회원이 되어 교류하고 있기 때문이다. 예컨대 디지털도서관 안에서는 하버드대학교 도서관의 디지털 라이브러리 자료를 열람할 수 있다.

디지털도서관은 전국 도서관의 아카이브 역할도 하고 있다. 디지털도서관에서는 국립중앙도서관을 중심으로 구성된 전국 공공도서관의 소장 자료 검색 및 목록, 목차, 초록 등을 활용할 수 있다. 도서관을 연구하는 도서관이면서 아카이브의 아카이브인 셈이다.

디지털도서관 홈페이지인 디브러리(http://www.dibrary.net)에 들어가 보면 디지털도서관을 통해 드나들 수 있는 아카이브 네트워크가 얼마나 방대한지 알 수 있다. 시간을 내어 디지털도서관이 제공하는 자료들을 시간과 지역별로 분석해보려고 했으나 부질 없는 일이었다. 하지만 탐색하고자 하는 주제가 있으면 더할 나위 없이 좋다. 당장 주제가 떠오르지 않더라도 이 가상 세계의 문을 열고 들어가 방대한 세계를 엿보는 것도 좋겠다.

구글북스라이브러리프로젝트*에 대하여
(Google Books Library Project)

구글프린트(Google Print)로 시작해 구글북서치(Google Book Search), 구글디지털라이브러리(Google Digital Library) 등의 이름으로 불리는 구글의 도서 스캔 프로젝트는 사실 구글이라는 검색 엔진의 역사만큼 긴 스토리를 가지고 있다. 1996년 구글의 공동 설립자인 세르게이 브린(Sergay Brin)과 래리 페이지(Larry Page)는 스탠포드디지털도서관기술프로젝트의 지원을 받아 백러브(BackRub)라는 웹크롤러를 만들었다. 웹크롤러는 구글 검색 엔진의 모태가 되는 기술이었는데, 세르게이와 래리는 이를 통해 전 세계 도서의 내용을 색인화하고 도서 사이의 연관성을 분석할 수 있을 것이라고 생각했다. 그러니까 애초에 구글이라는 검색 엔진 아이디어는 책의 본문을 검색하기 위한 노력에서 출발했던 것이다.

물론 당시 이들은 미래에는 많은 책들이 디지털 형태로 출간될 것이라는 확신 속에서 기술을 개발했다. 하지만 구글이라는 기업의 성공 이후 광학문자인식 기술의 발전으로 이미 출판된 종이책의 활자를 디지털화할 수 있게 되었고 자연히 도서 검색 범위도 애초에 디지털로 출간된 책 외에 이미 종이에 잉크가 찍혀 만들어진 책들, 전 세계 도서관에 소장되어 있는 수많은 종이 책으로 넓어지게 되었다.

미의회도서관의 아메리칸메모리프로젝트(American Memory Project), 프로젝트구텐베르크(Project Gutenberg), 밀리언북프로젝트(Million Book Project) 및 유니버설라이브러리(Universal Library) 등 유명한 디지털도서관 프로젝트들이 있지만 구글의 프로젝트

* http://www.google.com/googlebooks/library.html

는 구글이라는 거대 IT 기업의 자본과 결합해 가장 공격적이고 빠른 속도로 디지털도서관 체계를 구축해왔다.

2004년 구글은 우선 옥스퍼드 보들리언도서관의, 저작권이 소멸한 장서들을 스캔하여 디지털화하기 시작했다. 이를 통해 19세기 작품의 복사본을 누구나 컴퓨터 화면으로 읽고 다운로드 받는 것이 가능해졌다. 이후 하버드대학을 시작으로 미국, 유럽, 아시아 등지의 18개 대학도서관 및 연구 기관과 파트너십을 맺고 장서를 스캔해서 디지털화하는 작업을 진행해왔다. 그러나 보들리언도서관 이후의 스캔 작업은 저작권법의 보호를 받는 저서들이 포함되어 책의 일부만을 검색해볼 수 있게 하였다.

이에 2005년 미국의 작가협회(The Author Guild)와 출판인협회(Association of American Publishers)는 구글의 저작권법 위반에 대해 집단 소송을 제기했다. 소송은 수년간 진행되다가 2008년 구글이 두 단체에 1억 2500만 달러를 주되 별도 기관을 통해 향후 저작권 문제와 수익 배분을 해결하라는 내용의 합의안이 도출되었다. 그러나 이 합의안에 대해서도 방대한 도서 데이터의 독점을 우려한 미법원이 재조정 권고를 했고, 2010년 11월 13일 '구글도서검색 2.0'이라 불리는 개정 협의안이 발표되었다. 그러나 2011년 3월 22일 미법원의 데니 친(Denny Chin) 판사는 이 개정 협의안마저 저작권 소유자의 허가 없이 "모든 책을 이용할 수 있는 막대한 권리를 구글에 주는 것"이라며, 미국의 작가협회, 출판인협회와의 합의 하에 이루어진 구글의 도서 스캔 작업을 무효라고 판결했고 구글의 프로젝트는 지금까지 답보 상태에 놓이게 되었다.

물론 구글의 도서 스캔 작업은 미국뿐 아니라 유럽의 주요 도서관들과도 진행되었고 저작권과 관련된 소송도 마찬가지로 유럽 전역에서 진행되고 있었다. 그런데 올해 6월 프랑스작가협회가 구글을 상대로 제기한 저작권법 위반 소송을 6년만에 철회했다. 이에 따라 프랑스 출판사와 작가들은 구글이 스캔한 문학 작품들의 판매를 허용하고 구글은 수익금을 작가, 출판사와 나누게 되었다.

구글의 디지털 프로젝트는 저작권자를 찾을 수 없는 책(Orphan book)이나, 저작권이 소멸된 책(Public Domain) 혹은 절판되어 구하기 힘든 책을 공공 기관을 통해 다운로드 받아볼 수 있게 한다는 공적 가치와, 저작권이 살아 있는 수백만 권의 책에 대한 독점의 위험을 동시에 가지고 있다. 이 양날의 칼을 놓고 미국 법원의 친 판사는 독점에 대한 우려를 더 크게 드러냈지만 구글이 이 프로젝트를 쉽게 포기할 것 같지는 않다.

구글이 하버드와 스캔 작업을 진행하던 당시인 2007년에, 이 도서관 관장으로 취임한 로버트 단턴(Robert Darnton)*은 자연스럽게 이 프로젝트를 둘러싼 여러 복잡한 문제들을 알게 되었다. 출판업자, 작가, 구글의 삼자를 둘러싼 소송과 그 과정의 합의안 등을 세세하게 들여다본 단턴은 『책의 미래』라는 저서를 통해 구글 프로젝트와 관련된 흥미진진한 이야기들을 펼치며 미디어와 인쇄술 그리고 그 기술을 둘러싼 사회를 분석하고 있다.

이 책에서 단턴은 향후 책의 미래가 송두리째 바뀔 수도 있다고 조심스럽게 예견한다. 물론 그 방향이 긍정적인 것만은 아니다. 단턴은 책을 디지털화하는 작업이 만인에게 이상적인 공공도서관의 새로운 버전을 가능하게 할 것이라는 낙관과 함께 정보 독점으로 인해 출판 산업과 독서 문화에 위기가 초래될 수 있다는 우려를 함께 언급했다.

단턴이 들려주는 책과 책을 만드는 사람들, 책을 저장하는 도

* 『고양이 대학살』로 유명한 로버트 단턴은 '책의 역사가'로 불릴 만큼, 책의 역사와 미래에 대해 고민하는 대표적인 학자로도 알려져 있다.

서관 사이의 흥미진진한 이야기를 듣다 보면 어쩌면 우리가 구텐베르크의 혁명에 비견할 만한, 역사적인 전환점에 있을지도 모른다는 생각이 든다. 당연한 이야기지만, 매체의 변화는 도서관을 어떤 식으로든 변화시킬 것이다. 누구도 섣불리 예견할 수 없는 책의 미래, 도서관의 미래가 더욱 궁금해진다.

08
한 가지 장르로 도서관을 이루다

관악산시도서관 / SF&판타지도서관 / 사진책도서관

강예린

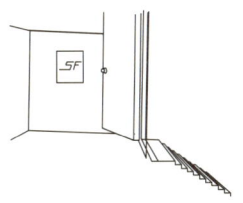

**도서관에서
보기 힘든 책들**

도서관에서 유독 눈에 띄지 않는 책들이 있다. SF(Scientific Fiction, 공상 과학 소설)나 판타지 소설, 사진 책, 시집 등이 그렇다. SF나 판타지 소설은 가벼운 대중 소설에 불과하다는 편견 때문에 도서관에서 입지가 좁은 편이다. 도서관에 갖춰져 있지 않은 경우가 많고, 갖춰져 있더라도 외국 소설 코너나 대중 소설 코너 등에 분산되어 있다. 그러니 따로 검색을 하거나 서가에서 우연히 마주치기 전에는 있는지조차 알아채기 힘들다.

시집은 도서관에서 빌려 집까지 가져가서 읽기에는 다소 호흡이 짧다. 그렇다고 도서관 안에 머무는 시간 동안 읽게 되지도 않는 것 같다. 도서관에 있는 동안에는 짧은 시간 안에 읽을 수 있는 운문보다는 조금 더 오래 읽을 수 있는 산문을 찾는 데 열중하게 된다. 운문보다 산문이 더 힘을 가진 시대이기 때문일까?

사진 책은 보통 이미지 출력 비용 때문에 '글 책'보다 월등히 비싼 경우가 많아서, 도서관의 도서 구매 예산 책정 시에 쉽

● SF&판타지도서관은 이후, 연희동으로 이전했다.

●● 보통은 '전문도서관'이라고 불리지만 여기서는 '장르 도서관'으로 부르고자 한다. 이 세 도서관이 한 분야를 전문적으로 보여주는 것을 넘어 그 장르가 수반하는 하위 문화(subculture)까지 만들어내기 때문이다. 대표적으로 SF&판타지도서관은 팬덤을 위한 공간을 제공하기도 하고 동인지 《미래경》을 만들어 신진 필자를 독자들에게 소개하고 있다.

사리 뒷자리로 밀려난다. 개인이 구매하기 어려운 책을 도서관이 대신 구비해두는 것이 옳지만 도서관으로서는 예산이 한정되어 있다 보니 아무래도 소설이나 에세이처럼 찾는 사람이 많은 책을 더 구입하는 쪽으로 기운다. 그래서 사진 책은 어지간한 규모의 도서관이 아니면 만나기 힘들다.

이렇게 기존 도서관에서 제대로 대접받지 못하는 장르의 책들이 따로 도서관 살림을 차렸다. 서울 관악산 입구의 '관악산시도서관', 서울 사당동의 'SF&판타지도서관',● 전남 고흥군의 '사진책도서관'이 그것이다. 하나의 분류 서가가 단독 도서관을 이룬 셈인데, 모두 각 장르를 집중적으로 소개하고 책을 보다 잘 노출시키기 위해서 택한 전략이다. 재미있게도 이 세 장르 도서관●●은 자기 장르에 어울리는 장소에 들어앉아 있다.

도서관의 자리가 장르를 대변하다

관악산시도서관(이하 시도서관)은 관악산 등산로 입구에 있다. 2005년 입장료가 폐지되면서 필요 없어진 매표소를 개조해서 만든 것이다. 그래서 시도서관 앞에는 버스 정류장과 만남의 광장이 있다. 버스를 기다리는 사람들, 늦게 오는 등산 모임 회원들을 기다리는 사람들이 시도서관의 주 이용자들이다. 버스나 일행이 도착해서, 읽던 책을 내려놓게 되더라도 시집의 특성상 읽다 만 기분이 크게 들지 않는다는 것은 시도서관의 장점이다. 또 시를 읽는 데 걸리는 시간은 상대적으로 짧은 대신, 그 여운은 등산을 마칠 때까지 길게 가져간다는 것도 큰 장점이다. 그러니 시도서관으로서는 꽤나 어울리는 장소에 자리한

장르 도서관들이 들어선 자리. 위부터 관악산시도서관, SF&판타지도서관, 사진책도서관

셈이다. 시는 텍스트를 넘어 심상을 담은 것이니, 시를 읽은 뒤 여러 감각이 열린 상태에서 가는 산행은 보통 때보다 더욱 풍부한 경험이 될 것이다.

SF&판타지도서관은 사당동 골목 안의 지하실에 있었다. 예산 사정 때문에 어쩔 수 없이 택한 입지지만, 어딘가 이 사회가 SF와 판타지 장르를 대하는 방식과 닮아 있다. 사회적으로 SF나 애니메이션을 좋아하는 어른들은 이른바 '오타쿠'로 여겨진다. 생계에 보탬이 안 되는 취미에 과도하게 집착하는, 이른바 나잇값 못하는 사람으로 취급받는 것이다. 마치 다 자란 어른이 당당하게 보기에는 너무 허황된 책이 아닌가 하는 편견을 피해서 SF&판타지도서관은 지하로 내려간 것처럼 보인다.

하지만 달리 생각하면 '지하'란 판타지 소설에서 늘 다른 세상으로 떠나는 입구이다. '동굴', '터널', '지하 세계', '옷장 속', '지구 저 아래'에는 별세계가 있고 거기서 살아가는 또 다른 종족과 그들이 만든 사회가 있다. SF 영화 속에서 지하 세계를 경험하고 나온 인물은 보통 그것을 계기로 성숙해진다. 꼭 그것처럼 SF&판타지도서관에 내려갔다 온 사람들은 그것을 계기로 힘을 내서 다시 일상을 살 수 있을 것만 같다.

사진책도서관은 최종규 관장님 말씀처럼 '육지에서 섬 빼고 가장 멀리 떨어져 있는 곳'인 전남 고흥에 자리 잡고 있다. 이 먼 곳까지 작정하고 오는 동안 독자는 사진 책을 읽을 마음의 폭을 마련한다. 사진 책은 대개 텍스트가 아니라 이미지를 읽는 것이다. 느릿한 읽기를 통해서만 이미지를 찬찬히 감상할 수 있다. 고속도로와 고속철도 시대에도 고흥은 변함이 없을 것이라는 판단에 이곳에 자리 잡았다는 관장님의 말씀은 '순간을 영원으로' 간직하고 있는 사진 책과 분위기가 맞춤하다. 그렇게 각 장르 도서관이 위치한 장소는 각 장르를 대변해주고 있다.

관악산시도서관

등산복 차림으로 가는 도서관

관악산시도서관은 관악구에서 운영하는 작은도서관이다. 관악산 만남의 광장 뒤편에 있는 관악문화관·도서관에서 2009년부터 분관해서 운영하고 있다. 등산로 입구에서 관악도서관까지는 걸어서 10분도 채 안 걸리는 거리지만, 등산을 앞둔 혹은 마치고 나온 등산객이 일부러 찾아가기에는 확실히 먼 거리이다. 그래서 생각해낸 것이 관악산이 불러 모은 등산 인파에 최대한 노출될 수 있는 도서관, 만남의 광장에 서 있는 짧은 시간에도 쉽게 드나들 수 있는 도서관이다.

그 결과 주말 아침에 시도서관에 들어가면, 등산복 차림의 사람들이 여럿 앉아 있는 풍경을 볼 수 있다. 매일 몇 천 명의 사람들이 이곳에서 동반자를 기다리며 도서관을 기웃거린다.

오늘도 등산복을 입은 한 아저씨가 등산 가방을 멘 채 시집을 읽고 있다. 그러다 일행이 왔는지 20분도 안 되어서 도서관을 나선다. 이 등산객처럼 누군가를 기다리는, 얼마 안 되는 시간에 읽기에 더없이 좋은 책이 시집이다. 시는 짧은 순간을 길게 우려낼 수 있으며, 책 전체를 읽어야 하는 부담도 없기 때

관악산 입장 매표소를 고쳐 만든 시도서관 내부

문이다. 더 읽고 싶은 마음이 들면 시집을 들고 산에 오르면 된다. 시집 한 권 정도의 무게는 산에 들고 오르기에 부담스럽지 않다. 시도서관에서는 회원 가입 없이도 일일 대출을 해준다. 어찌 보면 시도서관을 만드는 것을 염두에 두고 장소를 택했다 기보다 이 장소가 원한 장르가 시였던 것도 같다.

　시도서관 안에서 시는 그 하위분류가 훨씬 다양해졌다. 각종 시 선집들을 비롯해 외국 시, 한시 등 시집들이 종류별로 섬세하게 나뉘어 있다. 도종환 시인의 기증 서고 같은 분류도 있다. 따로 분류해서 보니, 그 결이 다양하게 드러난다. 한시 같은 동양의 고전 시들은 물론, 쉽게 접할 수 없는 나라의 시집들도 눈에 크게 들어온다.

시 낭독, 청춘이 아직 낭만이었을 때

시도서관을 등산 전후의 정류장으로 삼는 사람 중 많은 이가 시를 암송하는 문화가 있던 때에 학창 시절을 보낸 중장년층이다. 그중에는 지금이야 생활에 떠밀려 시를 멀리한다 해도, 한때는 문학소년, 문학소녀를 꿈꾸었음직한 사람들도 있다. 엄마는 가끔 내게 학창 시절 친구들끼리 색종이에 시구를 적고 그 여백에 말린 낙엽을 장식해서 서로 나누어 갖거나, 돌아가며 시를 읽어줬다는 경험을 들려주곤 했다. 낭독은 빨간 머리 앤뿐 아니라, 우리나라 어른들의 추억이기도 하다.

그래서인지 시도서관에서 주최하는 '시 낭독회'에 중장년 층들의 반응이 좋다. 이들에게 시 낭독회는 사는 데 치여 잊고 있던 낭만을 다시금 불러일으킨다. 요즘처럼 88만 원에 아픈 청춘이 아닌, '아직 청춘이 낭만이었던 시절'•을 지나온 이들에게 시도서관은 싱그러웠던 젊은 시절을 환기해준다.

시 낭독회와 더불어 시도서관의 주요 프로그램으로 시화전이 있다. 주로 봄에, 볕 좋을 때 옥상에서 펼쳐진다. 예전에는 미술 시간에 단골로 등장했던 것이 '시화 그리기'였다. 조금 감상적인 면이 있지만, 그래도 여전히 시화는 시를 감상하고 해석하는 창의적인 방법임에는 분명하다.

옥상에 올라가니 벤치와 함께 시화가 몇 개 전시되어 있다. 전에 시화전을 하면서 전시한 시화를 그대로 남겨두었다. 도서

• 박해천, 「청춘 없는 시대의 수많은 보아」, 《GQ》 2012년 5월호

시도서관 옥상에 남아 있는 시화전의 흔적

관에 들어가지 않은 사람들도 시를 즐길 수 있게 하려는 배려도 엿보인다.

　시도서관은 시를 읽고 즐기는 다양한 방식을 제안하는 것뿐 아니라 사람들이 시를 쓰도록 장려하기도 한다. 사서의 말에 따르면, 지난 해 도서관이 생겨난 뒤 숨어 있던 지역 시인들이 자신들의 시집을 기증하기 시작했다고 한다. 시를 유통시킬 수 있는 공간이, 자비로 출판하는 아마추어 시인들을 북돋운 셈이다. 이후 시도서관에서는 이 지역 시인들의 코너를 따로 만들었다.

SF & 판 타 지 도 서 관

**판타지는
우리가 지킨다**

SF&판타지도서관은 SF와 판타지를 주축으로, 그 경계가 맞물려 있는 추리와 무협까지 포함하는 장르 도서관이다. 모험과 신비, 상상과 환상을 직접 다루는 책들은 물론, 이들 책에 등장하는 사건들의 과학적 배경과 인문적 상황을 설명해주는 각종 과학 잡지, 신화학, 상징인류학 책들까지 소장하고 있다. 이런 도서관은 어떤 사람이 꾸려갈까? 도서관만큼 도서관장이 궁금해져서 도서관을 간 김에 관장님까지 만나기로 했다. 전홍식 관장님은 평일에는 직장을 다니면서 주말마다 SF&판타지도서관을 지킨다.

보통 과학을 기반으로 한 상상의 장을 SF, 기술과 과학의 도움을 없이도 존재할 수 있는 상상의 장을 판타지라고 한다. 그러나 이런 통상적인 정의보다 전 관장님의 정리가 더 마음에 든다. "굳이 구분을 하자면 SF는 '왠지 가능할 것 같은 현실'을 보여주는 것이고, 판타지는 '이렇게 되면 좋겠다는 꿈의 실현'에 가까워요."

가능할 것 같기 때문에 현재의 입장에서 바라볼 수 있는 것이 SF, 꿈에서 마음껏 실행해보았기에 현실의 결핍을 느낄 수 있는 것이 판타지다. 현실을 떠나 상상의 세계로 떠나지만 다시 현실을 돌아와 생각하게 만드는 것이 바로 이 둘이 가진 힘이자, 이 도서관 이름이 'SF&판타지'도서관인 이유이다.

동유럽에서 SF 장르가 발달한 것도 어두운 정치 현실을 고도의 상황 설정을 통해 차원 높게 비판하고 생각할 여지를

사당동 골목 어귀에 걸려 있던 도서관 간판

주었기 때문이다. 그런 점을 생각하면 야로슬라프 올샤(Jaroslav Olsha Jr.) 주한 체코 대사가 SF 소설가인 것이 신기하면서도 납득이 된다. SF와 판타지는 매우 비전형적인 방식으로 정치적일 수 있기 때문이다. 그래서 SF를 좋아하는 사람들은 '공상 과학 소설'에서 '공상'을 떼어버린다. 허황된 상상이 아니라, 현실을 바꿀 수 있는 엄연한 힘을 갖춘 장르라 믿기 때문이다.

예컨대 영화 「그날 이후(The Day After, 1983)」에서는 핵폭발 후 사람들이 죽어가는 장면을 가상으로 보여주었는데, 이 상상 장면이 너무 적나라한 나머지 이 영화가 ABC TV에 소개된 이후 미국에서는 군축 협상이 이루어지고 반핵운동이 강화되었다고 한다.

아톰을 보고 자란 일본인들이 인간적인 로봇을 만들고, 영화 「아이 로봇(I, Robot)」을 보고 자란 미국인들이 보다 실용적인 로봇을 만드는 것도, 상상이 미래의 현실에 힘을 행사하고 있음을 보여준다. 「아이 로봇」 속의 로봇은 인간을 돕기 위한 기능이 탑재된 것 이외에는 마치 금속 마네킹 같은 추상화된 모습으로 그려지는 반면, 아톰은 그 설정 자체가 죽은 아들을 대체하기 위해 나온 것이라서 어린아이와 유사한 모습으로 그려진다. SF와 판타지 장르는 현실을 그저 떠나버리고 마는 공상이 아닌, 현실로 돌아오는 상상, 현실과 밀착된 상상의 영역이다.

신인 판타지 작가의 돌파구, 인터넷

SF&판타지도서관은 처음에 한 온라인 SF 동호회의 작은 상상에서 시작했다. 1998년에 생긴 SF 동호인 모임 '조이SF'의 중심 회원인 전 관장님은 예전부터 기존 도서관에서 SF나 판타지 책들을 찾아보기 어려우니, 아예 따로 도서관을 만들어서 이 장르의 책을 소개하고 싶다는 꿈이 있었다.

"2008년에 SF와 판타지를 소개하는 'SF 판타지 컨벤션'에서 진행 자원봉사를 할 때 동호회 사람들에게 이 장르의 활성화를 위해 도서관이 필요하지 않느냐 물어봤어요. 모두 같은 생각이었죠. 그래서 함께 시작했어요"

2009년 조이SF 회원 10여 명은 힘을 합해 골목 안에 있는 근린생활시설 지하에 창고로 쓰이던 공간을 개조했다. 얼렁뚱땅 페인트도 칠하고 바닥도 깔았다. "그저 좋아서 만든" 민간 도서관이라 정부의 지원은 못 받았고, 운영자들의 자원봉사와 정기회원의 후원으로 운영을 시작했다. "지금 정기회원이 60명 정도 있어요. 아직 많이 모자라죠. 200명은 되어야 운영이 정상화되거든요."

도서관뿐 아니라, 한국에서 SF와 판타지라는 장르 자체가 사이버 공간의 등장과 관계가 깊다. 보통 신인 작가들은 문학 잡지나 신문의 신춘문예를 통해 등단하고 작품을 발표하지만 SF, 판타지, 무협 소설을 쓰는 작가들은 조금 다르다. 이들의 작품들은 1990년대에 천리안, 하이텔, 나우누리 같은 PC통신에 연재되던 '통신 문학'에 기원을 둔다. 『퇴마록』이나 『드래곤 라자』 등 온라인에서 먼저 큰 인기를 얻은 연재 작품들은 오프라인 출판으로 이어졌다. PC통신에서 인터넷으로 환경이 바뀌면서도 상황은 달라지지 않았다. 이름만 '사이버 문학'으로 바뀌었을 뿐이다. 인터넷 사이트에 연재된 판타지 무협물들은 인기를 얻으면 재빨리 책으로 옷을 갈아입고, 대여점을 중심으로 재보급되었다. 우리나라 판타지 작품의 표지 디자인에 배어 있는 묘한 B급 정서는 이렇게 차분하게 기획되지 않고 인기에 대응해 급하게 출판했던 데에서도 이유를 찾을 수 있다.

우리나라뿐 아니라 어느 나라든 문학의 역사에서 SF와 판타지 장르는 천대를 받아왔다. "과학을 소재로 삼았지만 과학적인 사실에 다가가지도 못하고, 문학으로 보기도 어렵다"● 는 조소를 받기 일쑤다. 상상계를 낮게 보던 근대 학문의 인식론적, 심리학적 전통도 뿌리 깊다.

이런 상황에서 SF와 판타지 책이 도서관 문턱을 넘기란 쉽지 않다. 도서관에 입성하려면 우선 평단과 대중에게 작품이 알려지고 신뢰를 얻어야 하는데, 이들 장르의 작품들은 신작이 나와도 대중에게 소개되는 것부터 쉽지 않다. 이 장르를 전

● 임종기, 『SF 부족들의 새로운 문학 혁명, SF의 탄생과 비상』, 책세상, 2004

도서관에서 발행하는 SF 무크지 《미래경》. 현재 3호까지 발행되었다.

문적으로 다루는 매체가 거의 없어서 새 작품을 발표하고 진중한 평론을 받을 수 있는 지면이 거의 없기 때문이다. 한때 《판타스틱》이라는 전문 잡지가 있었지만 이나마도 지금은 폐간되었다.

여전히 SF, 판타지 장르와 그 작가들에게 사회적으로 많은 기회가 주어지지 않는 상황에서 온라인이라는 사이버 공간은 돌파구가 되고 있다. 그러나 SF&판타지도서관은 이 가상의 세상을 오프라인으로까지 확장시키려 한다.

SF&판타지도서관은 신인 작가와 작품을 소개하고 평론하는 역할을 담당해 장르의 저변을 넓히고 작가를 양성하고자 한다. 그래서 《미래경》이라는 자체 발간 잡지를 통해 지속적으로 작가와 작품을 대중에게 노출시키고, 다른 도서관 서가에서는 볼 수 없는 책들을 꾸준히 소개하고 있다. "작품이 잘되려면 잡지가 있어야 해요. 만화가 잘나갈 때 만화 잡지가 20개

정도가 있었어요. 한 잡지에 신인 작품 10편이 소개된다고 하면 한 달에 무려 200편의 작품이 소개되는 셈이죠."

대여점이냐, 도서관이냐

한국에서 SF와 판타지가 비주류 문화처럼 비쳐지게 된 것은, 이 장르의 유통이 주로 대여점 중심으로 이루어진 이유도 있다. 요즘은 인터넷에 밀려서 대여점마저 사라지고 있지만, 1990년대와 2000년대 초반까지는 돈을 받고 만화책이나 SF, 판타지, 무협 소설을 빌려주던 대여점이 동네마다 하나둘씩 있었다. 대여점은 도서관이 외면한 SF, 판타지 책이 유통되는, 오프라인의 보루가 되었다. 그러나 대여점은 상업적인 성격이 강한 탓에 주로 '돈이 되는' 책들, 이른바 자극적인 것들을 구비해두었다. 또 손해 볼 위험을 줄이기 위해서 신인 작가의 신작보다는 기존에 잘 알려져 있어 쉽게 독자를 얻을 수 있는 일본 책이나 기타 외서들을 주로 구비했다. 이런 분위기는 SF, 판타지, 무협이라는 장르의 토대를 협소하게 만들기도 했다.

"좋은 SF, 판타지 작품은 현실을 돌아보게 만들고 삶을 다시 보게 만들지요. 하지만 나쁜 작품은 그 안에 빠져서 아무것도 못 보게 해요. 대여점에 있는 많은 소설과 만화 중에는 삶을 풍요롭게 만드는 게 아니라 사람들을 환상 세계에서 빠져나오지 못하게 하는 작품이 많아요. 대여점은 돈을 벌어야 하니까 계속 빠져들어서 대여해 가게 만드는, 시간을 죽이게 만드는 작품을 선택하는 경향이 있지요."

만화 가게가 대본소 만화의 편을 들면서, 만화 장르에 대

연희동으로 이사 간 SF&판타지도서관은 지하를 탈피하면서 훨씬 환해졌다.

한 인상을 떨어뜨린 것과 마찬가지로, 대여점에서 택한 SF, 판타지가 주로 도피성 판타지였던 것은 장르 전체에 대한 일반의 인상을 끌어내렸다. SF&판타지도서관이 서야 할 이유가 바로 여기 있다. 도서관에는 현실을 나가더라도 다시 돌아올 수 있는 문이 있기 때문이다.

지하에서 벗어나 지상으로

도서관을 다녀간 후, 나도 이 도서관의 회원이 되었다. 도서관이 추천하는 몇 권의 책을 읽고 반납하려던 차에, 도서관이 이사 갔다는 공지가 왔다. 재건축 때문에 터전을 옮겨야 하는 사정이 생긴 것이다. SF&판타지도서관은 거짓말처럼 지하를 떠나 지상으로 올라섰다. 새로운 도서관은 연희동 삼거리 부근의 근린생활시설 3층에 자리를 텄다. 원래 있던 자리보다 훨씬 나은 곳이다. 더 넓어지고 더 환해지고, 대관할 수 있는 방까지 생겼다. 도서관 회원들은 새 보금자리를 꾸미기 위해 힘을 합쳐 방음용 계란판도 붙이고 책상도 옮겨 장서를 깔끔하게 정리했다.

　새 공간에서는 다양한 이벤트가 기획되고 있다. 영화 「배트맨」이 개봉하면 「배트맨」 시리즈 블루레이 상영회, 「토탈 리콜」 리메이크에 앞서 「토탈 리콜」 블루레이 상영회, 「메트로폴리스」와 「신체 강탈자들」 같은 고전 블루레이 상영, 토니 스콧(Tony Scott) 감독의 부음을 맞이해 기획된 그의 영화 상영회, 앞으로 있을 「마크로스」(극장판) 상영회 등 새로운 장소가 더 많은 행사를 불러온다.

환한 햇빛 속에서 책들을 둘러보니, 그 분류와 종류가 훨씬 잘 보인다. 그중 막 출간되기 시작한, 미국의 대표적인 SF 작가 필립 딕(Philip K. Dick)의 전집 시리즈가 눈에 띈다. 표지 디자인이 여느 현대 문학 부럽지 않게 세련되고 깔끔하다. SF와 판타지에 대한 사회적 인식이 조금씩 변화하고 있는 모양이다. 새로 이사한 도서관처럼 좀 더 환하게.

사 진 책 도 서 관

**시골의 폐교에
둥지를 틀다**

사진책도서관은 헌책방과 사진 책을 사랑하는 최종규 현 사진책도서관 관장님이 1992년부터 모은 책들을 인천 배다리 지역의 골목에 있는 상가 2층 전시하면서 소박하게 시작됐다. 배다리는 인천에서 유명한 다리이다. 배를 대던 다리여서, 이름도 그대로 배다리가 되었는데 요즈음에는 개발에 반대하는 대안 문화 공간의 대명사 격으로 쓰이고 있다. 이 배다리에서 최 관장님은 사람들이 가장 안 읽는 책이 무엇일까 생각하다가 사진 책이라는 결론을 내고 사진 책 전문도서관을 차렸다.

하지만 시골 살림을 하고 싶었던 최 관장님은 가족들과 함께 배다리 살림을 접고, 잠깐 충주를 거쳐서 다시 더 남쪽인 전남 고흥으로 도서관을 이사했다. 정확히 전라남도 고흥군 도화면 동백마을이다. 시골이라도 곧 도시가 될 시골 혹은 도시가 되고픈 시골이 있는데, 관장님 내외는 이런 시골보다 꽤 오래 시골답게 남아줄 것 같은 장소를 원했다. 지금 도서관이 자리한 곳은 한 번에 오는 기차도 없고, 고속도로도 바로 연결되어 있지 않다. 한반도에서 '고속'이라는 속도에 포섭되지 않은, 몇 안 되는 장소이다. 그래서 여기까지 오는 데 내가 들인 시간도 무려 4시간 반이다. 그래도 도서관은 사람들이 책을 보러 오는 곳인데, 이토록 멀고 한적한 곳으로 오면 이용이 너무 불편해지지 않을까?

이사 온 지 얼마 되지 않아 막 짐을 풀고 있는 최 관장님이 느긋하게 일을 하면서 멀리서 온 방문자에게 차분히 설명한다. "사진 책을 읽어줄 사람들은 이곳까지 시간을 내어서 찾아와 줄 것 같아요." 느릿한 속도로 도서관을 꾸리고, 같은 마음으로 멀리까지 찾아오는 사람을 맞이할 계획이라고 한다. 긴 시간을 감수하고 오는 사람들은 사진 책을 찬찬히 들여다볼 준비를 하고 올 것이다. 여기까지 왔으니 서두를 필요가 없지 않은가.

동백마을에 새로이 자리 잡은 사진책도서관 건물은 지금은 폐교가 된 옛 홍양초등학교 건물이다. 아직 정식 개관을 하지는 않았다. 여름쯤 개관할 계획이라고 했는데 아직 채 정리되지 않은 책들이 한가득이다. 그래도 최 관장님은 서두르는 기색이 없다. 개관보다 더 마음이 쓰이는 것은 이사하느라 관리가 소홀한 틈을 타 책에 핀 곰팡이이다.

"서두르지 않고 있어요. 이사를 두 번이나 해서 책이 엉망이 되었어요. 볕이 나면 책을 관리하고, 아이 키우고 빨래도 하면서 틈틈이 도서관을 다듬습니다."

**사진 책이
기억하는 것들**

건물 안에 들어가니, 다큐멘터리 「말하는 건축가」에서 고 정기용 건축가가 한 이야기가 떠오른다.

"여기에는 시간이 머무는 것 같아. 도시에서는 시간이 다 도망가버렸는데."

아이들이 어른을 따라 도시로 가버리고 난 뒤 텅 빈 교실에는, 도망갈 수 없는 시간들만 대신 앉아 있다. 아이들이 노는 자리만 찾아다니며 이곳저곳의 시간을 담아둔 편해문의 『소꿉』, 딸아이가 태어날 때부터 결혼식을 올릴 때까지의 시간을 기록한 평범한 아빠 전몽각의 『윤미네 집』, 권투 선수가 출전을 앞두고, 혹은 경기를 마치고 카메라 앞에서 투지에 찬 표정을 짓는 순간을 담은 사토 히데키(佐藤 ヒデキ)의 『Korean Boxer』 등 다시 오지 않을 순간들이 이곳에 가득하다. 시간을 담아둔 폐교처럼 사진 책에는 저마다의 시간이 담겨 있다.

사진이 처음 세상에 등장했을 때, 많은 이들이 사진이 그림을 대체해버릴 것이라고 예측했었다. 특정 순간의 이미지를 복제해 가두는 데 있어서 사진만큼 효과적인 것이 없기 때문이다. 수잔 손택(Susan Sontag)의 말처럼 "사진의 가장 웅대한 결과는 우리로 하여금 세계의 모든 것을 우리 머릿속에 붙잡아둘 수 있다고 생각하게끔 만든 것이다."● 사진은 자기만의 재주로 세상을 차곡차곡 쌓을 수 있다. 앨범에 담긴 사진을 보면서 우리는 가족의 범위와 그 이미지를 확인할 수 있다. 사진은 사라진 장소나 공간도 재현할 수 있다. 지금은 없어진 청주의 어느 사진관은 이제는 사진 책 『청주 사람들의 삼호사진관 추억』이 대신하고 있다.

● 수잔 손택, 이재원 옮김, 『사진에 관하여』, 이후, 2005

도서관을 채우고 있는 책들. 이전에 폐교였다고는 하나 꽤 깨끗했다.
바닥의 나무에는 마지막에 칠한 왁스 자국까지 눈에 보였다.

사진은 책의 영역으로 깊숙이 들어오면서 점차 시간과 장면의 수집을 넘어서 다른 방식으로 말하는 법을 배워가고 있다. 세상을 줄였다 늘렸다 하며 어떤 크기로든 담을 수 있는 사진을 책으로 엮게 되면, 이미지를 다시 한 번 이미지화해서 담아두는 셈이 된다. 책이 된 사진은 더욱 오래 보존할 수 있을 뿐 아니라, 책처럼 말할 수 있다. 크기에서 주는 감동보다는 책으로 같이 묶여져 나오는 사진 이미지들이 부딪히면서 내는 목소리가 더 커진다. 여러 이미지들이 책장에 연속적으로 모이면서, 문장이 되고 서사가 되어 독자들에게 말을 걸 수 있게 된다.

우리가 눈으로 보는 정보는 무의식적으로 선택되고 걸러진 것이다. 사람들이 자주 착각하는 것이, 우리 눈은 보이는 모든 것을 뇌로 보낸다고 생각하는 점이다. 신경학자들의 이야기는 다르다. 눈은 볼 수 있는 것을 뇌로 보낸다. 예컨대 역사상 처음으로 기차를 탄 사람들은 바깥 풍경을 볼 수 없었지만, 속도에 익숙해진 우리들은 바깥 풍경을 가려내어 감상할 수 있다. 사진을 보는 시지각도 문화에 속한 것이다. 사진은 여태껏 주목받지 않았던 정보를 더 두드러지게 드러내서 다른 피사체와 동일선상에서 바라볼 수 있게 해준다. 한마디로 사진은 '본다는 것'의 이야기를 더 풍성하게 드러낸다. 특히 액자 앞에서 지켜보는 사진이 아닌, 책으로 엮여 나온 사진은 많은 이야기를 생산한다. 사진 책을 손으로 한 장씩 넘겨서 읽을 때, 우리는 순서대로 읽지 않고 손 가는 대로 읽어내어 새로운 이야기로 몽타주해내기도 한다.

책으로 묶인 사진은 보다 이야기에 가까운 언어를 가지게 된다. 한 번 갔던 사진 전시를 또다시 찾아가는 것은 힘들지만, 책이 된 사진들은 두고두고 읽고 새기는 것이 가능하다.

『윤미네 집』은 사진 책의 가능성을 보여줬다는 점에서 흥미로운 책이다. 아기 윤미가 태어나던 순간부터 결혼하는 날까지 기록한 사진을 윤미네 집 거실에서 보는 것과, 책을 통해서 읽는 것은 명백히 다르다. 같은 사진을 개인 앨범에서 보았다면 아마 윤미라는 개인의 기록으로만 보았을 것이다. 그러나 하나의 책으로 엮어 사진 책으로 보고 있으니 이렇게 사진을 찍어 책으로 엮어낸 아버지의 마음이 더욱 진하게 느껴지면서 사진 사이에 있을 긴 시간들에 대해 생각하게 된다.

**남의 사진을
잘 보지 않는 이유**

모든 사진 책은 헌책이 되기 쉽다. 사진 책을 출판하는 것이 우리 출판 현실에서 결코 녹록지 않기 때문이다. 출판 시장에서 사진은 글보다 홀대받는 데다, 제작 비용 때문에 책 값도 비싸져 독자들이 선뜻 구입하려 들지 않기 때문이다. 그러니 출판 기회를 얻기가 우선 힘들고 어렵사리 기회를 얻은 사진 책이라도 보통 1000부 정도 인쇄되니, 때를 놓친 사진 책은 일반 서점보다 헌책방에 가야 만나기 쉬울 때가 많다. 또 소설책이나 인문서, 사회과학 책들은 종종 절판되었다가도 다시금 세상에 나올 기회를 얻지만, 사진 책은 그런 '부활'의 기회를 얻는 일도 거의 없다.

더욱이 최근 들어 온라인 서점이 오프라인 서점의 많은 부분을 대신하게 되면서 사진 책은 점점 더 팔리기 어려워진 신

사진 찍기 놀이를 하며 즐거워하는 아이

세다. 온라인 서점에서 팔리는 책의 종수는 오프라인 서점의 60퍼센트 정도로 훨씬 적다고 한다. 온라인 서점의 경우, 첫 번째 화면에 노출할 수 있는 책의 수가 적다 보니, 사진 책에까지 그 순서가 돌아가기 어려운 것이다.

"한국은 사진기 보급률이 아주 높고, 손전화에 달린 사진기라든지, 디지털 사진기라든지 온갖 사진기를 참으로 많이 쓰지만, 정작 사진을 어떻게 찍어야 사진을 통해 내 삶을 즐겁게 누릴 수 있는가 하는 것에 대해서는 사람들이 거의 살피지 않습니다."

최 관장님은 사진으로 동화책도 만들고, 그림도 그리고, 일기도 쓰면서 놀 것을 강조한다. 한국처럼 DSLR의 보급률이 높은 나라, 사진을 많이 찍는 나라에서 정작 사진 책이 잘 팔리지 않는 이유, 그러니까 사람들이 남이 찍은 사진을 찬찬히 들여다보지 않는 이유는 무엇일까? 사진기의 렌즈가 주로 세상이 아니라 자기 자신에게 향해 있어서 그런 것은 아닐까? 어떤 배경에서도 다른 오브제를 다 제치고 자기 얼굴이 제일 앞에 있어야 하는 사람들은 무엇을 보건 그 안에서 자기 자신부터 발견하려고 하는 것이다.

사진이 모든 변화하는 것들의 한순간을 놓치지 않으려는 것을 기본적인 속성으로 갖고 있는 것처럼, 사진책도서관은 시장에서 상품으로서의 목숨이 위태로운 책들의 가치를 보호하고 연장하고 있다.

사진책도서관을 둘러보려고 안에 들어섰을 때, 제일 먼저 눈에 띈 것은 잡지《뿌리 깊은 나무》의 전권이었다. 온라인 서점 알라딘에서 다시 복간하면 좋을 잡지에 대해 설문 조사를 했을 때, 나는 주저 없이 한창기 선생이 만든 이 책에 투표했었다. 좋은 기획이 담긴 책인데, 이제는 웬만한 도서관에서도 찾아보기 힘들 정도다. 사라져가는 건축 방식인 굴피집을 기록한 『굴피집』, 한국의 전통 건축을 소개하는 『한국의 건축』 등 사실 이곳에 있는 대부분의 책들은 이곳이 아닌 다른 곳에서 만날 가능성이 매우 희박한 것들이다. 이 희박한 통계치가 몰려 있어 사진책도서관은 더욱 가치 있는 공간일 듯싶다.

아직 완성되지 않은 도서관에 나 외에 유일한 책 손님은 최 관장님의 딸아이다. 아버지는 딸에게 사진을 찍으며 놀라고 사진기를 하나 건네주었다. 사진 책들을 선생 삼아, 스스로 사진 찍으며 노는 아이에게 폐교는 여전히 살아 있는 학교이다.

09
대학도서관은 우리에게 어떤 의미인가

서강대학교 로욜라도서관

강예린

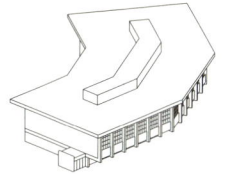

인류 최초의 사서, 아리스토텔레스

'대화와 토론'의 방식이 아닌, '읽고 쓰는' 형태로 학문의 방식이 정착된 이래, 서양에서는 학문의 기록들을 모으고 분류하는 일이 매우 중요해졌다. 직접 보고 말하는 대화를 통해야만 진실에 이른다고 생각하여 글쓰기를 혐오했던 스승 소크라테스와 달리, 아리스토텔레스는 글쓰기를 통해 학문을 했으며, 학문에 필요한 책들을 열심히 수집했다. 그의 기록을 통해 고대 그리스의 학문은 바깥으로 전파되었고, 다른 학문과 만나 번성했으며 새로운 책이 되어서 아리스토텔레스의 책장에 다시 꽂히기도 했다.

아리스토텔레스가 수집한 책과 쓴 책을 합친 장서량은 이후 고대 이집트에 세워졌던 초대형 도서관인 알렉산드리아도서관과 맞먹을 정도였다 한다. 방대한 서가에서 책을 구분하고 분류하는 일에 열중했던 아리스토텔레스는 오늘날 문헌정보학에서 인류 최초의 사서로 여겨진다.

도서관은 학문의 끝이자 시작

그 후 서양 역사에서 학문을 하는 사람들과 지식을 실천하는 사람들은 끊임없이 도서관과 관계를 맺어왔다. 고대 이집트는 알렉산드리아도서관을 만든 후, 그리스 최고의 학자들인 아르키메데스, 유클리드, 에라토스테네스 등을 초빙하여 도서관에 머물게 했다. 그리고 학자들을 끌어들이듯 책도 긁어모았다. 주변 나라에 중개상을 파견해서 책을 수집해오도록 했으며, 무역선이 항구에 정착하면 제일 먼저 책이 있는지부터 알아보았다. 학자들은 이렇게 모은 책을 마음껏 읽고 토론하고 글을 쓰면서 헬레니즘 문명을 번성하게 했다.

또 서양 중세의 수도사들은 "지식은 하늘, 곧 신에 이르게 한다."●고 생각하여, 하느님의 지식을 익히고 이어가는 독서를 중시했다. 수도원들은 저마다 도서관을 갖추었으며 단체 예배, 단체 기도와 함께 단체 독서는 수도원의 일상 순환에 있어 중심축이었다. 이런 공식적인 예배 외에도 수도사들은 일과 사이의 빈 시간을 독서와 필사로 채웠다. 종교개혁으로 수도원이 많이 사라진 다음에도, 이탈리아 같은 나라는 전체 도서관에서 수도원 도서관이 차지하는 비중이 오늘날까지 여전히 크다.

근대적인 고등교육기관으로 대학이 정착하고, 이와 더불어 통치나 종교를 보필하지 않는 '보편적인' 학문이 등장하면서, '도서관은 학문의 끝이자 시작'이라는 고대 그리스의 학자, 아리스토텔레스의 생각이 다시 역사 전면에 나타났다. 그러나 아직 인쇄술이 발달하기 전이라, 근대의 대학에는 책이 드물었고 선생이 학생에게, 선배가 후배에게 책을 빌려주는 것이 흔한 풍경이었다. 이 틈새를 노리고 대학 주변에는 책 대여를 하는 업

● 최정태, 『지상의 아름다운 도서관』, 한길사, 2006, 35~36쪽

소들이 성행했고, 돈이 없는 학생들을 중심으로 도서관이 필요하다는 소리가 높아갔다. 그리고 몇몇 독지가들이 서가를 대학에 기증하면서 드디어 대학도서관이 만들어지기 시작한다. 그렇게 만들어진 대표적인 도서관이 미국 하버드대학교의 와이드너도서관이다. 이 도서관은 대학이 정식으로 인가받기 전인 1638년에 대학 창설자인 존 하버드(John Harvard)가 기증한 330권의 책으로 출발했다. 「해리 포터」 시리즈에 나온 호그와트의 도서관으로 유명한 영국 보들리언도서관도 헨리 5세의 동생, 험프리 공작이 소장 장서를 기부하면서 크게 성장했다.

성균관의 도서관, 존경각

조선의 최고 교육기관으로, 일종의 대학이라 할 수 있는 성균관의 도서관도 왕이 하사한 책들로 시작되었다. 성종은 성균관 유생들에게 제일 필요한 것이 책을 모아두는 공간이라는 한명회의 제안을 받아들여 도서관인 '존경각(尊經閣)'을 만들 것을 명한다. 서거정의 「존경각기」에는 존경각에 대해 이렇게 나와 있다.

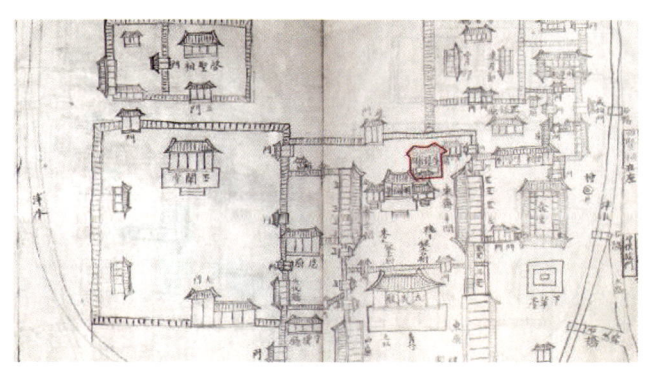

성균관대학교 동아시아학술원 존경각, 「반궁도」, 「존경각」, 2004, 90쪽에서 재인용. 지도에서 붉게 표시한 부분이 존경각 자리이다. 반궁은 성균관을 지칭하는 다른 말이다.

"명륜당 북쪽에 각을 세우라 명하였다. 각이 완성되자, 궐내에 소장되어 있던 오경(伍經)과 사서(四書)를 각각 100권씩 하사하고, 또 전교서 및 팔도에 유시(諭示)하여 서판이 있는 곳에서는 인쇄하고 장정하여 보내도록 하였다. 이에 경사와 제자백가, 제서 등이 모두 수만 권이나 되었는데 사예(司藝)와 학정(學正) 각 1원으로 하여금 출납을 담당하게 하였다."

- 성균관대학교 동아시아학술원 존경각, 「존경각」, 2004, 72쪽

존경각은 여섯 칸짜리 건물로 책꽂이가 벽을 둘러 놓여 있고, 가운데는 비어 있었다. 얼마 전 KBS에서 방영되었던 사극 「성균관 스캔들」에도 존경각이 등장한 바 있는데 드라마 속 장면과 달리 실제로는 앉아서 공부할 열람 공간이 따로 없어서 책이 필요한 사람은 대출을 해야 했다. 대출을 담당하는 관리였던 사예(司藝)와 학정(學正)은 조선시대의 사서인 셈이다. 나중에는 이 관리들이 퇴궐한 후에도 책을 쉽게 빌려갈 수 있게 하기 위해, 성균관 유생의 장인 '장의'가 책 대출을 관리하게 했다.

존경각은 '경서를 공경히 보관하라'고 지은 이름이다. 책 속의 가언(嘉言)과 선행(善行)을 시시때때로 읽으며 익히는 공간으로서의 존경각은 '지식의 보존'이라는 측면에서 중세 수도원의 도서관과도 통한다.

도서관 문화를 이끈 대학도서관

아쉽게도 조선의 성균관과 존경각은 근대로 이어지지 않았다. 근대적인 의미의 대학은 일제 침략 때문에 조선시대의 학문적 전통과 역사적인 단절을 겪고 한참 뒤에야 생겨났다.

해방 후, 1955년에 대한민국 정부는 처음으로 고등교육에 대한 기준을 명문화하여 '대학설치기준령'을 만들었다. 이 기준령에서는 대학을 설립할 때 대학도서관의 설치를 의무화했다. 재미있는 것은 기준령 1항이다. "대학에는 학생 1인에 대하여 30권 이상의 도서를 비치하되 한 학과당 5000권 이상이 되어야 한다"고 명시되어 있다. 같은 시기에 미국 하버드대학이 600만 권, 일본 교토대학이 200만 권의 장서를 갖추고 있었다고 한다. 이 내용을 보도한 당시 신문 기사에는 숫자상으로라도 빨리 따라잡으려 1인당 필요한 책의 숫자까지 지정한 것 같다고 쓰여 있다.

국가가 강제하다 보니 대학도서관은 일반 공공도서관이 본격적으로 생겨나기 전부터 자리 잡기 시작했다. 1950~60년대 대학 설립과 더불어 대학도서관들이 생겨날 때, 공공도서관 영역에서는 국립중앙도서관과 제주도립도서관, 부산시립부전도서관, 대전시립도서관 정도가 설립된 상태였다. 그래서 한국의 초기 도서관의 역사는 대학도서관이 주도하고 있다. 이런 역사적인 문맥은 아직도 분명하게 드러난다.

도표에서 보듯 일반 공공도서관과 대학도서관은 숫자상의 차이가 그리 크지 않다. 현재 도서관 정책은 문화체육관광부에서 주관하지만, 전체 도서관의 약 95퍼센트를 교육과학기술부 소속의 도서관, 즉 대학도서관과 학교도서관이 차지하고 있다. 이 중에서 학교도서관을 제외한다면 대학도서관이 전체 도서관에 차지하는 비중이 47퍼센트이고, 특별/광역시·도립도서관 시·군·구립도서관 같은 공공도서관의 비율은 52퍼

1995년 2월 21일 '대학설치기준령'을 보도하고 있는 동아일보

센트가 된다. 한국의 1인당 도서관 비율이 선진국의 1/10인 반면, 대학 진학률이 83퍼센트로 세계 1위임을 감안한다면 납득이 되는 숫자다. 매우 한국적인 상황이라 할 수 있다.

　장서량으로 보면 대학도서관의 중량감을 더욱 크게 느낄 수 있다. 우리나라는 국가 전체 장서량의 44.6퍼센트를 대학도서관이 보유하고 있다. 양이 아닌 질로 보더라도, 대학도서관은 공공도서관이 갖추지 않은 분야별 전문 서적의 비중이 높다. 일반 도서관의 경우는 아무래도 소장하는 책의 종류가 사람들이 많이 찾는 쪽으로 치우치는 반면, 대학도서관은 찾는 사람이 적더라도, 학문과 연구에 필요한 책들을 구비해둔다. 인문·사회·자연과학·기술 등 각 전공별로 필요한 서적들이 고루 갖춰져 있으니 장서량으로 보나, 장서의 질로 보나, 대학도서관은 전체 도서관 문화에 큰 영향력을 가지고 있다.

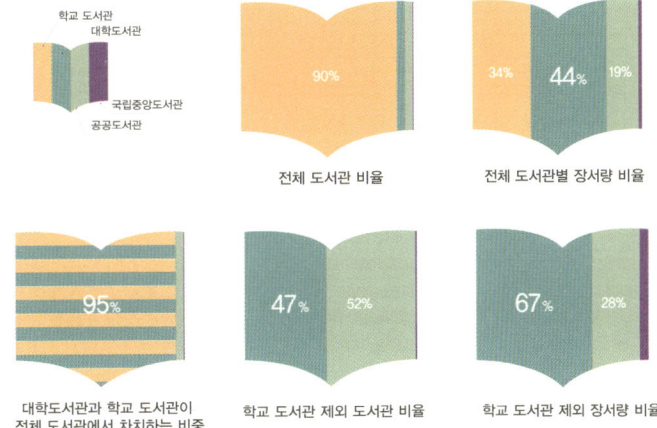

대학도서관이 전체 도서관에서 차지하는 비중

전체 도서관 비율
전체 도서관별 장서량 비율
대학도서관과 학교 도서관이 전체 도서관에서 차지하는 비중
학교 도서관 제외 도서관 비율
학교 도서관 제외 장서량 비율

국내 최초의 개가식 도서관

많은 대학도서관 중에서 서강대학교의 로욜라도서관은 한국의 도서관 문화 전반에 큰 흐름을 만든 경우다. 예수회를 창립한 성인의 이름을 딴 로욜라도서관은 원래 서강대학교 본관 2층에 있다가, 1974년에 도서관 건물을 따로 신축하면서 독립했다. 이때 새 도서관은 국내에서 처음으로 전면 개가식을 택했다. 1970년대 초반에 전면 개가식 공간 구성으로 도서관을 지었다는 것은 당시로서는 획기적인 일이었다. 일반 공공도서관 중에서는 남산도서관이, 로욜라도서관보다 5년 뒤에야 개가 열람제 문학실을 열었다. 인쇄술과 출판 문화가 지금처럼 발달되기 전이라 책을 구하는 것이 힘들었기 때문에 당시 한국의 도서관들은 얼마 안 되는 책을 보호하고 관리하는 데에 더욱 애쓰고 있었다. 책의 활용보다 보존에 치중했던 것이다.

도서관의 구조를 폐가식으로 하는가, 아니면 개가식으로 하는가는 도서관 건축 양식에 곧바로 큰 영향을 미친다. 예컨대 서양 중세 수도원의 도서관 건축들은 폐가식 도서관의 구조를 여실히 반영하고 있다.

책이 귀했던 중세 수도원의 도서관에서는 책을 책장이나 도서대에 사슬로 묶어두었다고 한다. 그래서 책을 올려놓을 책장이나 다른 가구들은 사슬의 길이가 닿는 범위 안에 놓여야 했다. 또 촛불은 화재의 위험이 있기 때문에 책 근처에는 빛이 들어올 창도 있어야 했다. '사슬에 묶인 책'이 도서관 건축 구조에 영향을 미친 것이다. 책이 묶여 있다는 사실은 17세기 말까지 영국의 주요 대학도서관 구조에도 영향을 미쳤다. 옥스퍼드에 있는 퀸스칼리지(Queen's College)에서는 1780년까지, 옥스퍼드에서 가장 오래된 머턴칼리지(Merton College)에서는 1792년까지, 매들린칼리지(Madeleine College)에서는 1799년까지 사슬이 유지되었으며 현재도 그 흔적이 남아 있다.●

이와 반대로 개가식 도서관의 구조는 책의 관리보다는, 책을 이용하는 사람들에 더 주안점을 두고 설계된다. 이용자들이 책 사이를 마음껏 돌아다니다가, 마음에 드는 책을 발견하면, 마음에 드는 장소로 가서 책을 읽을 수 있도록 디자인되는 것이다.

폐가식 도서관 시스템에서, 이용자는 카드 목록으로 원하는 책의 주소를 찾아낸 뒤, 대출실로 가서 사서나, 혹은 사서를 보조하는 일명 페이지 보이(page boy)에게 그것을 건넨다. 그러면 사서들이 서고에 가서 책을 찾아 꺼내주었다.

독자와 책의 거리가 이렇게 멀면 독자가 서가를 둘러보면서 우연히 책을 발견하고 그로부터 자극받는 일을 기대하기는

● 헨리 페트로스키, 정영목 옮김, 『서가에 꽂힌 책』, 지호, 103쪽

힘들다. 학자들이 도서관을 자유롭게 돌아다니며 토론하고 연구함으로써 이루어냈던 헬레니즘의 성과는, 책과 이용자의 거리가 학문적 성과와 맺는 강한 상호작용을 보여준다. 로욜라도서관이 선택한 개가식 구조는 '도서관은 어떤 건물이어야 하는가' 하는 물음에 대해 '책을 직접 만나는 건물'이라고 답한 셈이다. 사슬에서 풀려난 책은 더욱 쉽게 이용될 수 있다.

1세대 건축가들의 고민과 결실

로욜라도서관뿐 아니라 서강대학교 설립 초반에 지어진 캠퍼스의 주요 건물들에는 한국의 1세대 건축가들이 각 건물의 기능에 따라 건축적인 답을 구하려고 노력한 흔적이 드러나 있다. 서강대학교의 본관은 근대 건축의 거장, 르코르뷔지에(Le Corbusier)의 사무실에서 실무를 하다가 귀국한 김중업 건축가가, 예수회공동체 사제관은 절두산성당을 설계한 이희태 건축

쇠사슬로 책장에 묶인 책을 재현한 헤러퍼드(Hereford) 성당의 도서관(출처: http://lewislitjournal.wordpress.com/2012/08/15/bibliophilia-books-on-chains/)

1900	부산시립도서관 개관(전 홍도회 부산지부)	/ 최초의 공공도서관
1946	서울대학교 도서관 개관	/ 최초의 대학교 부설 도서관
1970	성균관대학교 중앙학술정보관 개가식 시행	
1974	서강대학교 로욜라도서관 개관	/ 최초의 개가식 신축 도서관
1979	남산도서관 개가열람제 문학실 개실	
1982	육군사관학교 우당도서관 전면개가식으로 건립	
1987	부산시립도서관 전장서 완전개가제 실시	
1989	건국대학교 상허기념도서관 완전개가식으로 건립	
1994	한양대학교 백남학술정보관 전면 개가식으로 전환	
1995	한양대학교 경북대학교 중앙도서관 전면 개가식으로 전환	
2005	이화여자대학교 전문도서관 개가식으로 전환	

개가식 도서관의 연혁

가가 설계했다. 르코르뷔지에의 작업이 많이 연상되는 본관 건물은 콘크리트 차양*이 햇빛을 차단하는 기능도 하면서 상대적으로 단순해지기 쉬운 건물의 입면에 리듬감을 주고 있다. 사제관은 종교 건축의, 수직과 수평의 기하학에 대한 생각을 풀어내고 있다.

로욜라도서관에는 개가식 구조를 포함해 '도서관이란 무엇인가'에 대한 건축가의 깊은 고민이 스며 있다. 예컨대 건물 1, 2층의 공간은 사무 공간이나 작은 열람실, 화장실로 쓰이는 소규모 칸들의 집적인데 반해, 3, 4층의 본격적인 열람 공간은 별다른 칸막이 없이 통으로 연결되어 있다. 즉 열람실과 서고 공간이 개별 공간으로 나뉘지 않고 하나로 연결되도록 함께

●
브리즈 솔레이유(brise-soleil)라 불리는 콘크리트 차양은 르코르뷔지에가 건물 입면의 수직적인 요소로 많이 사용했다. 건축가 김중업의 건물에서 드러나는 이런 수직적인 콘크리트 차양은 르코르뷔지에의 영향을 받았음을 보여준다.

건축가 김중업이 설계한 서강대학교 본관

건축가 이희태가 설계한
서강대 예수회사제관

고려된 셈이다. 즉 이 건물은 건축 당시부터 개가식을 염두에 두었음을 보여준다.

근대 건축이 나오기 이전에 모든 건축은 벽체로 지탱할 수밖에 없었다. 또 벽체와 벽체 사이로 난 창을 통해 들어오는 빛에 의존해야 하므로 전면 창은 엄두도 내지 못했다. 그래서 이런 건물에 들어가는 책장은 빛을 가리지 않도록 창과 창 사이의 벽에 마치 벽감처럼 최대한 붙여서 놓아야 했다. 하지만 로욜라도서관처럼 기둥 보 구조●로 된 집은 전면 창이 허락되고 책장은 창에 수직으로 놓일 수 있다. 밝은 빛 아래에서 책을 읽을 수 있게 만든 것이 바로 이 건축물에 담긴 의도이다.

로욜라도서관은 모던한 건축의 미학도 잘 드러낸다. 도서관은 서강대 캠퍼스 북쪽에 있는 노고산 중턱에 남쪽을 바라보며 길게 앉아 있는데, 산의 경사에 올라타거나 경사를 크게 깎아내지 않고, 산을 둘러싸듯이 감고 있다. 산 둘레를 따라 짓다 보니, 4층인 도서관 건물이 멀리서 보면 실제보다 나지막하게 보인다. 이렇게 길게 연이은 건물 덩어리가 지나가는 이들에게 부담을 주지 않도록 1, 2층을 뒤로 들여서 통로로 만들었다. 3층 윗부분은 저층부에 의지하지 않고 캔틸레버(cantilever), 즉 한쪽 끝으로만 떠받치면서 공중으로 돌출된 들보로 지지된다. 이렇게 건물을 지지하는 구조의 흐름을 도서관 건물의 외벽에서 살짝 튀어나온 기둥이 두드러지게 강조하고 있다. 즉 4층에서 3층까지 외벽을 타고 내려오다가 뒤로 빠진 기둥은 1, 2층 벽면과 함께 뒤로 후퇴한다. 근대 건축 이후 등장한 캔틸레버를 강조하는 구조 라인이 보이는 건물 외곽 저층부 통로는 모던한

● 건물의 바닥 판(slab) 위의 하중을 보가 모아서 기둥으로 전달하고, 다시 그 하중이 건물의 기초까지 내려가도록 한 건물 구축 방식

외부로 돌출된 캔틸레버

건축 미학을 드러내고 있다. 건축 기술의 발달로 구조적인 도전이 가능해진 현대 건축에서는 그 구조의 힘을 숨기지 않고 드러내는 기술 미학을 종종 선보인다. 기능과 함께 묻어나는 이런 미학이 서강대 본관이나 예수회사제관, 자비에르관에서 반복 사용됨으로써 오랫동안 대학의 중심 풍경을 이루고 있다.

근대 건축이 작은 공간에 만든 커다란 공간은 도서관에 진입할 때, 더 극적으로 느껴진다. 복도식 구조에 잘게 나뉜 방이 있는 열람 및 토론 공간을 지나서 2층의 대출 반납 서비스 공간을 등지고 계단을 오르면, 3층에 있는 도서관 1관 열람실의 높은 천장과 전면 창이 눈에 들어온다. 좁은 공간을 지나서 넓은 공간에 들어서니 그 차이가 더 강조된다. 기둥과 기둥 사이를 똑같이 나누고 있는 창틀 역시 중성적이고 균질한 근대적 공간을 강조한다.

풀밭 너머로 보이는 로욜라도서관

열람실의 책장은 3.5층(중이층)인 열람석 아래로 트여 있는 낮은 공간에 좌석을 따라 평행하게 놓여 있는데, 열람실에 비해 천장만 낮을 뿐, 책 읽는 공간과 따로 구분되지 않아 책이 손에 쉽게 잡힌다. 3.5층 역시 창가에 가까운 쪽은 좌석이고 그 바로 옆에 책장이 놓여 있다. 요즘 들어 많이 시도하고 있는 배치이긴 하지만, '책이 손상될 수 있으니 창문의 크기를 줄이거나 빛이 안 통하는 암막을 치라'는 것이 도서관 설계의 법칙이었던 당시에는 신선한 시도였을 것이다.

듀이의 질서를 따라서

로욜라도서관은 크게 세 개의 동으로 이루어져 있다. 1974년에 새로 만든 1관은 8년 후인 1982년 개관한 2관과 거의 같은 구조이다. 1997년에 개관한 3관은 법학전문도서관으로, 2관의 5층과 연결되어 있다.

1관은 총류와 철학, 종교를 담당하고 있다. 듀이(Melvil Dewey)의 분류 체계에서 가장 기본이 되는 앞 번호를 담당하고 있는 건물이다. 2관과 3관은 듀이식 분류로 따지자면 순서가 서로 바뀐 셈인데, 각각 이공, 인문, 사회과학의 분류 동이다. 외곽에서 보면 듀이식으로 분류된 주제 관들이 줄줄이 이어져 있는 모양새다.

총류(00)의 질서가 잡히면 철학(100)과 종교(200)로 분리되어 전이된다고 한다. 매우 시적인, 계통학적 전개이다. 철학과 종교 즉 형이상학에서 풀리지 않은 문제는 사회로 넘어간다. 그래서 사회과학류는 300번 대이다. 이런 연역적인 듀이식 분류법은 개가식 서가에서 빛을 발한다. 분류의 원리만 알면 검색 없이도 내가 필요한 바로 그 책이 있을 만한 자리를 짐작할 수 있기 때문이다.

각 분류 서가 동에는 전담 사서들이 배치되어 있다. 그리고 이렇게 분리 배치된 서가와 사서 체계 때문에 도서관이 한눈에 들어오지 않을까 봐 도서관 1관의 앞에는 대표 사서격인 '무엇이든 물어보세요'를 배치했다.

서강대학교는 1986년에 대학도서관으로서는 처음으로 대출 반납 업무를 자동화했다. 또 대출 반납을 담당했던 도서관 내부의 중앙 공간에 '사서에게 물어보세요. 헬프 데스크(Help Desk)'를 놓았다. 도서관 이용을 돕는 사서가 이용자들을 전면에서 맞이하도록 한 방식이다. 헬프 데스크에 있는 사서들은 대출 반납 업무를 하지 않고 안내 업무에만 집중한다. 도서관의 구조를 알려주어 책을 더 많이 소개하고, 이용을 편리하게 하고자 하는 도서관의 의지다. 헬프 데스크에 경력이 많은 사서들이 앉아 있는 것도 그런 이유이다.

헬프 데스크에 이어서 마주치는 것이 3층 전면의 서가이다. 서가를 지나야 열람석이 나온다. 서가를 도서관의 전면 통과 장치처럼 배치함으로써 책에 매혹될 수 있는 순간을 늘려주려는 의지가 엿보인다.

책을 너그럽게 대출하기

흔히 대학을 소개하는 안내 자료에는 '24시간 불이 꺼지지 않는 도서관'이라는 문구와 함께 새까만 밤과 상관없다는 듯 반

로욜라도서관 2관 내부

짝거리는 도서관 사진이 자주 실린다. 대학의 지성미를 강조하는 이미지로 도서관 풍경을 선택한 것은 자연스러운 듯하지만 다시 생각해보면 이런 이미지는 도서관 서가에 가득 꽂혀 있는 책보다는, 도서관 안에 머무는 시간에 초점이 맞추어져 있을 때가 많다. 도서관 서가에서 원하는 책을 마음껏 읽는 학생보다는, 도서관에 오랫동안 앉아서 공부하는 학생들이 주인공인 것이다. "넌 왜 공부 안 하고 책을 보니?"라는 질문이 통하는 사회에서는 대학도서관조차 자칫 또 하나의 독서실로 전용되기 쉽다.

한국처럼 교육열이 높은 사회에서도 대학도서관 문화가 제대로 정착되지 않고 독서실 문화로 왜곡될 우려가 크다. 학생들은 초등학교 시절부터 '교재' 중심의 학습에 익숙해져서, 이 책 저 책을 헤매며 문제와 해결책을 스스로 찾기보다는 정답이 요약된 책으로 이미 나온 것들을 익히는 방식의 학습만 한다. 'IMF 시절' 이후 극심해진 취업난으로 대학에서도 고시 열풍과 취직 경쟁이 더욱 치열해졌고 그럴수록 교재에서 해법을 찾는 사람들도 늘어갔다. 현실적으로 교재가 가장 중요하고 교재만 들여다보아야 하는 환경에서는 도서관에 책이 '불필요하게' 많이 있는 셈이다.

그래서 학생들이 교재만 보는 습관을 지워 없애는 것은 로욜라도서관의 큰 숙제이기도 하다. 도서관을 도서관답게 이용할 수 있도록, 로욜라도서관이 선택한 방법은 책을 매우 '너그럽게' 대출해주는 것이다. 책을 읽고 싶은 마음이 동했을 때, 마음껏 읽을 수 있도록 도서관에서는 한 사람에게 2주간 10권의 책을 대여해준다. 공공도서관에 비하면 매우 너그러운 방식이다. 더불어 방학 때에는 한 사람당 단행본 7권과 딸림 자료 10개를 80일간 장기 대출하는 다소 '파격적인' 프로그램도 운영한다. 도서관 웹진을 통해서는 각 주제 검색에 도움이 될 만한 방법들을 소개하고 있다. 이용자들은 모두 '전공'이 있는 학생들이니 '주제 검색'을 활발하게 이용하도록 돕는 것도 대학도서관으로서 차별화된 부분 중 하나다. 통합 검색을 넘어서 각 주제 분야의 참고 자료와 데이터베이스 저널에 이르기까지 다양한 자료에 대한 접근성을 높여 심화 학습의 장으로 안내하는 것이다.

• 로쟈(이현우), 「넌 왜 공부 안 하고 책을 보니?」, 《경향신문》 2012년 7월 12일자

대학생들조차 점점 책을 읽지 않는 환경에서, 로욜라도서관은 대학도서관의 역할이 무엇인지 고민을 거듭하면서 적극적으로 해답을 모색하고 있다.

**10
어른들의 도서관이 필요할 때**

정독도서관

이치훈

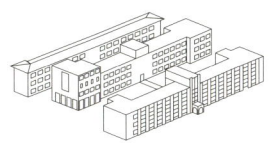

경기고등학교가 강남으로 이전한 이유

1976년 종로구 화동, 서울 한복판에 있던 경기고등학교가 지금의 삼성동으로 이전한다. 그리고 그 남은 학교 부지에 정독도서관이 들어선다. 당시 통계로는 국회도서관, 국립중앙도서관에 이어 대한민국에서 세 번째로 큰 도서관이다. 주로 지가가 낮은 도시 외곽이나 녹지에 도서관을 짓는 요즘 상황을 생각하면, 걸어가기도 쉬운 도심 한복판에 공공도서관이 들어선 것은 파격이다. 그렇다면 이 좋은 자리를 도서관에 양보하려고 학교가 이전한 것일까?

1970년대에 서울은 지금보다 훨씬 작았다. 당시 서울은 한강 이북의 사대문 안과 그 주변이 전부였다. 그리고 한강의 남쪽은 영등포를 제외하면 대부분 전형적인 농촌 지역이었다. 지금은 상상조차 힘들지만 당시만 해도 강남, 잠실은 논밭이 많았고, 도로나 건물이 별로 없었다. 그런데 산업화의 바람으로 점점 많은 이들이 서울로 몰려들면서 강북의 구도심만으로는 늘어나는 인구를 수용하기 힘들어졌다. 감당할 수 없이 팽창

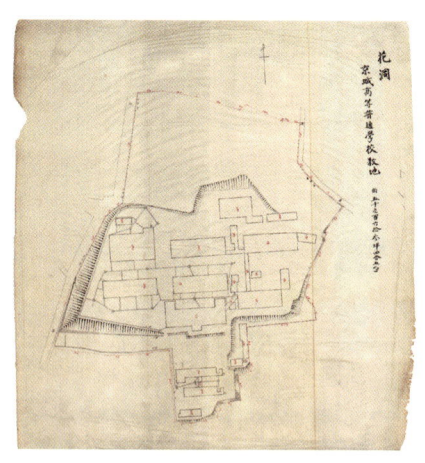

화동 경기고등학교 배치도.
(출처: 국가기록원, 일제 시기 학교건축도면 모음 http://theme.archives.go.kr/next/dwg/dwgMainView.do)

하는 서울 인구를 분산하기 위해 서울시는 이른바 '삼핵 도시 계획'을 수립한다. 한강 이남의 동쪽과 서쪽에 새로운 중심부를 두 곳 더 만들어 인구를 분산한다는 계획이었다.

이 도시 계획에 따라 서초, 압구정, 역삼, 대치에 이르는 영동지구개발계획이 수립되었고, 1978년에 지하철 2호선 공사가 착공되었다. 그러면서 허허벌판이던 강남에 아파트와 고층 빌딩이 속속 들어서기 시작했다. 하지만 건물만 지어놓는다고 사람들이 이주해 삶을 꾸리지는 않는다. 사람들이 들어가 살 만해지려면 다른 조건들이 더 필요했다.

인구 분산을 위한 서울시의 여러 정책 중 단연 효과를 발휘한 것은 강북의 명문 고등학교를 강남으로 이전하는 것이었다. 1976년 경기고등학교를 시작으로 1978년 휘문중·고등학교, 1980년 숙명여중·고등학교, 서울고등학교가 강남으로 이전하기로 했다. 그러나 광복 전후에 한국 최고의 명문으로 꼽히던 경기고등학교 이전에는 재학생은 물론 졸업생들이 크게 반발했다. 정재계에 포진해 있던 국내 경기고 동문들에 재미 동문들까지 합세하면서 강한 반대 여론이 만들어졌다. 이런 반발을 달래기 위해 서울시와 정부는 학교 이전 후 "화동의 교사를 허물지 않고 말끔히 개·수선하여 도서관으로 쓰겠다"•고 약속한다. "교정도 단장하여 도서관 뜰로 남기겠다"고도 했다.

그런 소란 끝에 경기고등학교가 이전하고, 남은 자리에 세워진 도서관은 당시 박정희 대통령의 이름을 따 정독도서관이라는 이름을 갖게 되었다. 경기고 이전이 대통령의 직접 지시로 이루어졌다고 하니, 당시 서울의 인구 분산은 그만큼 절박한 문제였다. 이런 우여곡절을 겪으며 정독도서관은 대도시 서울이 전쟁을 치르듯 커가던 와중에, 서울 한복판이라는 최고

• 손정목, 『서울 도시 계획 이야기』, 한울, 2003

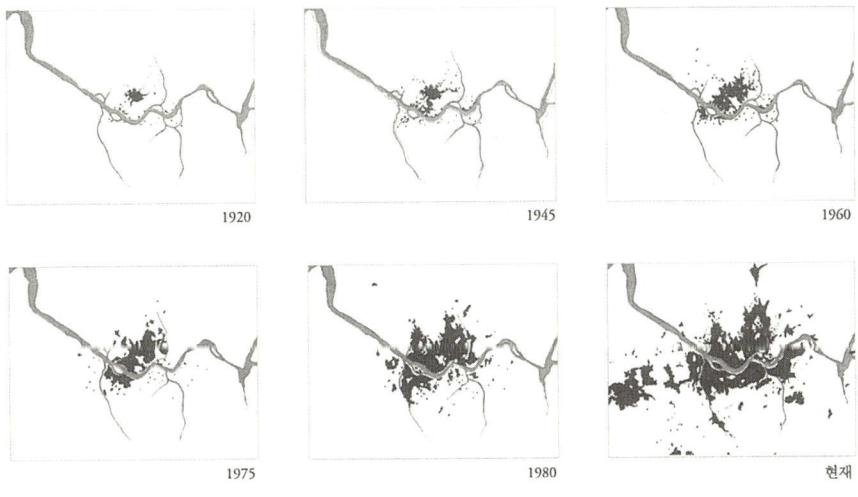

서울의 성장 과정. 검은 색으로 표시된 부분이 한강 주변의 도시화 지역이다. 1970년대 초까지 지금의 강남은 서울이 아니었지만, 1970년대에 한강 이남을 개발하면서 서울은 강남과 강북으로 나뉘게 되었다.

1920 1945 1960
1975 1980 현재

의 입지와 명문 고등학교 터라는 색다른 역사를 갖게 된다.

서른다섯 해 동안 쌓인 추억들

정독도서관은 지금도 장서 약 50만 권, 하루 평균 이용자 수 약 6000명, 하루 평균 대출 도서 7000권이 넘는, 전국 최대 규모의 공공도서관이다. 한 해 이용자 수만 200만 명이 넘는다.

도서관의 나이도 올해로 35세를 맞는다. 우리나라 공공도서관의 효시를 1901년 부산에 세워진 홍도도서관(현 부산광역시립중앙도서관)으로 본다면 공공도서관의 역사는 100년 남짓이라고 볼 수 있다. 100년의 역사에서 35년은 그리 길지 않은 듯하지만, 정독도서관이 개관한 1976년 당시에는 전국에 70여 곳밖에 없었던 공공도서관이 2010년 현재 759곳으로 거의 10배가량 늘어났다는 점을 감안하면, 정독도서관은 공공도서관의 맏형 격이라고 해도 손색이 없다.

서울 한복판에서 35년을 버텨온 만큼, 정독도서관에는 수많은 사람들의 추억과 기억이 스며 있다. 1960년생 중견 배우 김학철이 "백수 시절 죽치고 살며 소설이란 소설책은 죄다 독파했다"●는 곳이 정독도서관이다. 정독도서관에서 공부하면 고시에 합격한다고 해서 이 도서관에 청춘을 바친 법조인들도 부지기수이다.

정독도서관 이전의 경기고등학교 역사까지 합치면 이 장소는 더욱 특별해진다. 세계적인 비디오 아티스트 백남준이 경기고 출신인데 서울시와 백남준기념사업회는 정독도서관 부지에 백남준기념관을 건립할 계획을 세우고 있는 중이다. 또 사서들

● '35살 정독도서관, 서울 북촌의 명소로 떴네', 《조선일보》, 2012년 2월 11일자

이 있는 2층 사무실에는 가끔 연세 지긋한 할아버지들이 들러 "여기가 학교 다닐 때 내 반이었던 것 같은데?" 하며 추억을 회상하기도 한단다.

개관 초기에 정독도서관은 무료 입장이 아니었다. 공공도서관이었음에도 입장료 10원을 내야만 이용할 수 있었다. 하지만 공공도서관이 많지 않던 시절이라 정독도서관은 개관하자마자 공부할 공간을 찾는 학생과 직장인 들에게 엄청난 인기를 누렸다고 한다. 새벽 4시부터 도서관 앞에 줄을 서 기다렸다가 입장하는 풍경은 일상적이었고 가끔 너무 많은 사람이 한꺼번에 몰려 학생들이 중상을 입는 사고도 있었다고 한다. "정독도서관 몽둥이로 질서 잡다 세 학생 추락, 중경상"이라는 제목으로 실린, 다음의 오래된 기사는 당시 정독도서관이 얼마나 큰 인기를 누렸는지 짐작하게 한다.

공공도서관이 턱없이 부족하던 시절, 정독도서관 앞에는 새벽같이 줄을 서서 입장을 기다리는 사람들이 많았다.
《동아일보》, 1977년 7월 10일자)

(중략) 사고는 이날 상오 5시쯤부터 몰려든 학생 및 일반인 1만여 명이 도서관 앞 가회동 골목길과 창덕여고 입구 등 3개의 골

목길에서 약 500미터씩 줄을 서 혼잡을 이루고 있었는데 질서를 잡는다고 도서관 수위 및 경비원 13명이 몽둥이를 휘둘러 학생들이 이를 피하려고 사고 지점으로 몰리는 바람에 일어났다. 《경향신문》 1978년 5월 15일자)

이런 기억들은 이른바 386세대부터 장년층, 노년층까지 우리 사회 어른들의 기억에 깊이 각인되어 있다. 그래서 정독도서관은 가장 어른스러운 도서관이면서 실제로 어른들의 도서관이기도 하다.

근대적이고 전형적인 학교 건축

정독도서관은 현재, 1938년 경기공립중학교 시절에 지어진 3채를 그대로 사용하고 있다. 얼핏 보면 평범한 학교 건물 같지만 알고 보면 대한민국 등록문화재 2호이다. 철근 콘크리트 구조의 건물로 건축 당시에는 우리나라 최초로 스팀 난방 시설도 갖추었다. 이후 수선과 보수도 여러 번 했고 외관의 페인트 색깔도 몇 번이나 바꿔 칠했지만 건물의 원형은 그대로 보존되어왔다.

건물 유형으로 보더라도 이 건물은 기다란 편복도에 같은 크기의 교실이 줄지어 매달려 있는, 전형적인 학교 건물이다. 이런 학교에서 우리나라는 일제에 의해 강압적으로 근대적인 교육을 시작했다. 실제로 들어가 보면, 원래 학교 건물이었다는 정보가 없는 사람도, 어딘가 학교 안에 들어온 것 같은 느낌을 자연스럽게 받는다. 지어진 지 80년이 되어가는 지금까지

• 1938년 이전에는, 1900년에 설립된 관립한성중학교가 있었다. 이후 1911년 경성고등보통학교, 1921년 경성제일고등보통학교(수업 5년으로 연장), 1922년 경성제일 공립고등보통학교(경기도로 이관), 1938년 경기공립중학교, 1946년 경기중학교(6년제, 서울특별시로 이관)로 이름이 바뀌어오다 1951년에 경기고등학교가 되었다.

경기고 시절에는 운동장을 향해 신식 건물의 전면을 당당하게 드러내고 있었을 도서관 본관 건물은 이제 울창한 조경 뒤에 숨어 있다.

도 이 건물을 전형적인 학교로 느끼는 것은, 이곳이 현재까지 이어지고 있는 근대적인 학교 건축의 출발점 가운데 하나이기 때문이다.

그 이전에 이 땅에 있었던 학교인 성균관과 향교는 숙식과 책 읽기, 조상에 대한 제례 등이 모두 가능한 일종의 생활 공간이었다. 지금과는 학교의 역할이 많이 달랐다. 하지만 1894년 이후 갑오경장을 통해 과거제가 폐지되고 근대적인 교육 제도가 마련되면서 학교 공간은 급격한 변화를 맞게 된다. 일제 시대에 들어와서는 일본이 서양식 건축을 변용해 들여온 새로운 형식들로 대체되었는데 1938년 지어진 경기공립중학교 건

정독도서관은 근대 건축의 순수한 초기 언어들로 채워져 있다.
제2동도 사각형의 기능적인 창과 가로 차양 서너 개로 장식성을 최소화하였다.

4개의 열람실이 독서실로 쓰이는 제3동 건물 외관은 더 장식적인 언어를 보여준다.

물은 그 대표적인 사례이다.

정독도서관은 건축사적으로는 근대의 표준 양식을 중심으로 아르데코와 이탈리아 합리주의를 간략화한 어휘가 섞여 있다.• 건물 전면에 주기적으로 반복되는 벽 기둥과 탑처럼 높게 솟은 중앙 입구, 사각형의 창을 중심으로 질서 있게 구성된 파사드(건물의 전면)•• 등이 그러하다. 모두 1930년대 서양에서 유행하던 건축 양식이다.

서울 한복판에 들어선 신식 건물은 사람들에게 놀라움과 권위의 대상이었을 것이다. 여전히 초기 근대 건축물의 질서들을 품고 당당하게 서 있는 건물에서, 여기저기 오래된 흔적들을 발견하는 것은 정독도서관에서만 얻을 수 있는 또 다른 즐거움이다. 서울에서 80년 가까이 나이 든 건축물을 만나기란 쉽지 않다. 더욱이 근대 건축물을 현대적인 용도로 사용하는 경우는 더욱 드물다. 그래서 정독도서관은 건축사적으로나 교육사적으로 매우 가치 있다.

• 임석재, 『서울, 건축의 도시를 걷다 1』, 인물과 사상사, 2010

•• 서양 도시에서 건축물은 인접한 건물과 벽을 공유하며 블록을 이루고, 수십 채의 건물이 모여 만든 블록들 사이는 길이 된다. 건물은 블록 안에 갇혀 길에 면한 쪽의 입면만을 드러내게 되는데, 그래서 길에 면한 건물 입면은 가장 중요한 요소가 된다. 특히 이 부분이 넓은 광장과 면하게 되면 그 입면의 모양새는 더욱 중요해진다.

쪼개졌던 시간을 다시 이어 붙이다

학교 건물과 도서관 건물은 모두 공부하는 공간이라서 닮은 데가 많을 것 같지만 꼭 그렇지도 않다. 그래서 학교 건물을 그대로 도서관으로 사용하는 데에는 여러 불편이 따른다. 도서관이 지역 사회의 커뮤니티 및 평생 교육의 장으로서 기능할 것이 강조되는 요즈음 분위기에 비추어 보면 그런 변화를 수용하기에 학교 건물은 다소 경직된 형식일 수 있다. 편복도식 구조, 즉 동일한 크기의 방이 연속된 구조는 도서관에서 열리

정독도서관 서고에 있는,
끝이 보이지 않는 소실점

는 다양한 문화 활동과 사람들 사이의 만남을 조직해내기에 가변성이 다소 떨어지는 것이 사실이다. 새로 짓지 않는 한 기본적인 한계는 있지만, 그 안에서 정독도서관은 나름대로 해법을 찾아냈다.

학교 공간에 대한 기억은 누구에게나 비슷한 감각으로 남아 있다. 대략 분 단위로 쪼개진 시간과 역시 똑같은 크기로 쪼개진 교실 체계가 그 감각의 바탕을 형성한다. 하지만 도서관으로 변신한 정독도서관의 시간은 더 이상 학교의 시간처럼 분절되지 않는다. 기다란 건물도 더 이상 학교 교실처럼 잘게 쪼개져 있지 않다. 정독도서관은 분절되었던 공간과 시간의 사이사이를 이어 붙여 100미터에 가까운, 학교 건물의 동서 방향

전체를 하나의 열람실로 사용한다. 한쪽 끝 서고의 좁은 틈 사이에서 반대편을 바라보면 끝이 보이지 않는 소실점이 만들어질 정도다.

수업과 수업 사이, 유난히 짧았던 쉬는 시간도 정독도서관에는 더 이상 존재하지 않는다. 꽉 짜인 시간표 속에서 혼란과 질서를 주기적으로 반복하던 학교의 시간은 이어 붙여져서 자유로운 독서로 채워진다.

하지만 그와 동시에 유년기와 청년기의 시간 대부분을 학교라는 공간 형식 안에서 보냈던 우리의 기억은, 다시금 그 공간에 반응하는 몸의 습속을 불러들여 책 읽기를 위한 긴장을 만들어내기도 한다. 다소 엄격한 공간 형식이 오히려 책 읽기에 집중할 수 있는 효과를 내는 것이다. 사법고시 공부를 하려고 절에도 들어가곤 하지 않았는가. 고시 공부만큼 중차대한 공부가 아닐지라도, 책 읽기라는 정신 노동에 있어 공간의 형식과 분위기는 참으로 중요한 부분이다. 학교 같은 공공 시설 건축이 발달하면서 예절로서의 묵독이 발전했다고 주장하는 사람도 있을 만큼 공간의 형식과 조건은 독서하는 우리 몸에 일정한 영향을 미친다.

그런 면에서 훈육의 장으로써 학교의 엄격한 공간 질서는, 집중해서 묵독하는 개인의 독서에 도움을 준다. 특히 요즘처럼 디지털 매체가 발전하면서, 집중력이 활자 안에 온전히 머물지 않고 이리저리 분산되는 시기에는 조용하게, 오직 책에만 집중할 수 있는 공간이 더욱 의미 있다.

교실은 열람실로, 운동장은 정원으로

『태백산맥』의 작가 조정래는 "필사(筆寫)는 정독(精讀) 중의 정독"이라고 말한 바 있다. 책을 가장 정성 들여 읽는 방식은 그 글을 옮겨 적는 것이라는 의미이다. 정독도서관의 정독(正讀)이 그 정독을 의미하는 것은 아니지만, 그래도 정독이라는 이름의 도서관은 어딘가 필사의 독서와 어울리는 장소이다. 그리고 이런 분위기를 조성하는 데에 도서관 앞뜰은 일등공신이다.

북촌의 번잡하고 소란스러운 분위기를 지나 정독도서관의 언덕진 입구를 오르면, 교실이 열람실이 되었듯, 운동장은 정원이 되어 사람을 맞이한다. 이곳은 더 이상 대도시 서울이 아니다. 경기고 시절 운동장으로 쓰였던 널찍한 마당은 이제 정원으로 탈바꿈해 도시의 소음을 흡수하고 혼란을 걸러주는 필터가 되었다. 무성한 수초 사이를 흐르는 물이 자연스레 정화되는 것처럼 도심 한복판의 너른 정원은 대도시의 소란을 잊게 해준다.

운동장이 처음부터 지금처럼 울창한 정원으로 만들어졌던 것은 아니다. 정독도서관보 제1호의 표지에는 지금은 찾아보기 힘든, 개관 당시의 조감도가 그려져 있는데 이 그림을 보면 도서관 앞의 정원에는 대부분 낮은 관목들이 늘어서 있다. 도서관과 함께 정원도 나이를 먹으면서 지금은 어디든 나무 그림

도서관보에 실린 개관 당시 사진. 지금처럼 울창한 정원이 없다.

정자와 연못이 있는 정독도서관 앞마당

자가 따라다니는 울창한 곳이 되었다.

    사실 학교 운동장에 대한 기억은 썩 유쾌하지만은 않다. 특히 윗세대들에게는 누런 마사토가 깔린, 그림자는 한 뼘도 없는 운동장에서 월요일 아침마다 어김없이 조회를 서며 국기에 대한 경례나 교장 선생님에 대한 거수경례를 하던 기억이 생생하다. 학교 교육이 군사 훈련을 많이 닮아 있던 시절, 운동장은 일종의 사열대 혹은 연병장 같았다. 그래서 나무도, 나무 그림자도 거의 없는 텅 빈 공간일 수밖에 없었다.

    그랬던 운동장이 정원이 되면서, 비어 있던 공간은 녹음으로 채워지고 분수대와 작은 연못, 오두막 정자도 갖게 되었다. 정원 곳곳에는 비도 새지 않을 것처럼 빽빽한 등나무 지붕이 시원한 그늘을 드리운다. 봄이면 흐드러지게 피는 벚꽃은 여의도의 윤중로가 부럽지 않고 겨울이면 잔디 위에 하얀 눈밭이 만들어진다. 정원 덕분에 정독도서관의 독서는 서고 열람실을 벗어날 수 있다. 산으로 둘러싸인 도시면서도, 정작 도심 속에서는 녹음 짙은 공원 하나 찾기 힘든 살풍경 속에서 정독도서관은 최고의 휴식 공간이다. 앞으로 공원에 가고 싶다면 정독도서관을 찾아갈 일이다.

앞마당만큼 녹음이 울창하지는 않지만, 뒷마당도 더없이 좋은 독서 공간이다. 엄밀히 말하면 뒷마당이 아니라 건물 사이에 있는 공간이지만, 앞마당의 반대편이므로 뒷마당이라 불러도 크게 틀리지는 않을 듯하다. 서양식 건물 특유의, 강조된 포치(입구)•를 지나 세 채의 건물을 가로지르는 통로를 지날 때마다 건물 사이로 난 외부 공간을 만나게 된다. 이곳에도 벤치와 나무 그늘이 있어서 도시락을 먹거나 잠깐 낮잠을 즐기기에 적당하다. 물론 독서를 즐기기에는 가장 좋다. 정독도서관에서 가장 조용하고 한가로운 공간이기 때문이다. 정독도서관은 건물 안보다 바깥에 더욱 자유로운 독서 환경을 만들어내고 있다.

• 건물의 현관 또는 출입구의 바깥쪽에 튀어나와 지붕으로 덮인 부분을 말한다. 비나 바람을 피하기 위한 목적 등으로 설치된다.

도서관이 학술 공동체의 장이 되다

접근성 좋은 입지와 여유로운 정원 외에, 정독도서관을 찾는 사람들이 많은 이유는 또 있다. 도서관에서는 성인 독자들을 끌어들이는 프로그램을 적극적으로 운영하고 있다. 여러 프로그램 중 '작가와의 만남'은 가장 인기 있는 행사다. 이 행사를 통해, 새 책을 출간한 많은 작가들이 정독도서관에서 독자들을 만난다. 직장인을 위해 행사를 대개 퇴근 시간 이후에 시작하는 것도 도서관의 작은 배려이다. 2011년에는 23명의 작가들이 도서관에서 독자들과 만났다. 황석영, 박범신, 김훈, 이덕일, 우석훈 등 이름만 들어도 알 만한 한국의 내로라하는 작가들이 정독도서관에서 새 책의 출간을 알렸다.

두세 시간 동안 이어지는 작가와의 만남에서 독자들은 작가의 낭독을 듣기도 하고, 작가에게 직접 질문을 던지기도 한다. 책에 관련된 진지하고 의미 있는 대화들이 시청각실을 가득 채운다. 독자들에게 작가와의 대화는 책을 만나는 또 다른 방식이다. 독자들은 텍스트와 발화 사이의 어딘가에서 다시금 책의 의미를 찾아낸다.

작가와 독자의 만남이니, 화기애애할 것만 같지만 꼭 그렇지도 않다. 북적이는 대형 서점에서 열리는 팬 사인회와는 달라서, 냉철한 독자들은 책 내용을 조목조목 반박하며 작가를 곤혹스럽게 만들기도 한다. 아예 도서관 측에 항의를 하는 사람도 있다. 역사학자 이덕일 선생이 신간『조선 왕을 말하다』를 들고 행사를 찾았을 때, 어느 독자는 '왜 그런 작가를 섭외했느냐'며 도서관에 항의를 해왔다고 한다. 이 책이『조선왕조실록』외에 다양한 사료에 근거해 쓰인 터라 실록과 다른 관점을 제시하는 부분에 대해 이견이 있는 독자가 있었던 것이다. 이런 반응에 맞닥뜨려도, 행사를 주관하는 도서관 사서들은 별로 당황하지 않는다. 도서관은 서로 생각이 다른 사람들

서양식 건물의 포치가 사방으로 방문객을 맞는 정독도서관 입구

제1동과 2동 사이의 공간. 건물 사이의 공간 또한 훌륭한 독서 공간이다.

이 만나 책에 대해 토론하고 이야기를 나누는 공간이라고 생각하기 때문이다. 작가들도 마찬가지이다. 이 일화를 전해들은 이덕일 선생은 "딴죽을 걸어오는 독자가 있어서 정독도서관이 좋다"고 했다.

사실 도서관은 정숙하게 묵독하는 공간만은 아니다. 독서라는 개인적인 체험을 사회적인 관계로 확장시키고 책 밖에서 다양한 해석과 의미를 생산하는 장소이다. 정독도서관은 그런 새로운 확장과 생산이 1년 내내 활발하게 일어나는 곳이다.

정독도서관은 도서관으로서는 이례적으로 학술 심포지엄을 열기도 했다. 출판사와 학자들이 주체가 되어 연 것인데 학문 체계의 벽, 대학 제도의 벽, 지식인과 대중의 벽을 허물고자 한 시도였다. 여기서 도서관은 대학이나 대형 컨벤션 센터를 대체하는 대안 공간이 된다.

도서관에서 진행하는 심포지엄은 따로 참가 신청을 하거나 참가비를 낼 필요 없이 누구나 참가할 수 있게 했다. 2010년에 이틀에 걸쳐 진행되었던 심포지엄에는 200명에 가까운 사람들이 몰려들어 성황을 이루었다. 학술 심포지엄이니만큼 주제가 쉽지 않았던 터라, 주최한 도서관에서도 놀라워할 정도였다. 정독도서관과 함께 '푸코 이후의 정치와 철학'이라는 심포지엄을 주최했던 그린비 출판사는 심포지엄의 결과물을 토대로 향후 책을 출판할 계획이라고 한다.

독자들이 더욱 심화된 학문적 소통의 장에 자유로이 드나들고, 그 결과가 책으로 출판되어 다시 도서관에서 읽히는 일련의 과정은 도서관이 단순히 책을 소비하는 공간을 넘어서서 지식을 생산하고 확장시키는 역할을 할 수 있음을 보여준다. 정독도서관의 작은 시작을 통해 다른 더 많은 도서관들이 심화된 학술 공동체의 장이 되는 상상을 해본다.

**뛰어난 저자를
잉태하는 도서관**

아르헨티나의 소설가, 보르헤스(Jorge Luis Borges)는 스스로를 "작가로서보다 오히려 독자로서 더 뛰어나다."고 말한 바 있다. 실제로 환상적인 단편 소설을 쓴, 세계적인 문호 보르헤스에 대한 여러 평가 중 흥미로운 부분은 그의 소설이 다른 문학 작품을 읽고 요약, 가필하는 과정의 산물이었다는 것이다. 타인의 글에 의탁해 자기 글을 쓰는 과정에서 패러디와 메타 픽션 같은 독특한 기법을 많이 사용하게 되었고 보르헤스 특유의 소설이 탄생하게 되었다고 한다. 아홉 살에 아일랜드 작가, 오스카 와일드(Oscar Wilde)의 『행복한 왕자』를 에스파냐어로 번역해 신문에 투고할 정도로 책을 많이 읽는 아이였던 보르헤스는 부에노스아이레스의 어느 시립도서관에서 사서로 일하던 시절부터 본격적으로 소설을 창작하기 시작했다. 사서 업무가 그리 과다하지 않았던 터라 보르헤스에게 도서관의 서고는 조용히 독서하며 창작에 몰두할 수 있는 소중한 공간이었던 것이다.

꼭 보르헤스의 일화를 예시하지 않더라도, 창작은 대개 독서에 바탕을 두고 있다는 점에서 뛰어난 독자가 많이 찾는 도서관은 뛰어난 작가를 많이 잉태하는 도서관이 되곤 한다. 대영도서관이 마르크스(Karl Marx)가 『자본론』을, 아놀드 하우저

(Arnold Hauser)가 『문학과 예술의 사회사』를 집필한 장소였듯 도서관은 책을 읽을 뿐만 아니라, 책을 만들어내는 공간이다. 뛰어난 독자들이 쉼 없이 찾아오는 정독도서관은 지금 그 어느 한 구석에 미래의 뛰어난 작가를 품고 있을 것이다.

부 록

01
연도별 도서관
성장 유형

02
서울시 도서관의
분포도와 개관 순서,
장서 수 비교

06
대학도서관의
지역 개방 현황

07
작은도서관의 역사

03
서울시 지하철에서
도서관까지의 거리

04
도서관
상호대차서비스 현황:

국가상호대차서비스
'책바다'와 지역 내
상호대차서비스

05
도서관의 입지:

서울과 전국 주요 도시
및 경기도 신도시를
중심으로

08
'기적의도서관'이 낳은
어린이도서관의 기적

09
도서관의 인테리어

그래픽ⓒ이아름, 양예림,
김병철, 강예린, 이치훈

01
연도별 도서관 성장 유형

도서관의 성장 추이를 연도별로 살펴보면, 시대마다 흐름을 주도하는 도서관이 조금씩 달라졌음을 확인할 수 있다. 근대적인 형태의 도서관이 처음 등장한 것은 20세기 초로 이때는 주로 일본인 거류 지역에 도서관이 만들어졌다. 일본인들이 모이는 클럽과 상공회의소 안에 매우 작은 규모로 있던 도서관들은 점차 규모가 커지면서 '부립도서관'으로 바뀌어 운영되었다. 1920년대에 들어서서는 대학도서관도 일부 생겨났다. 선교사들이 설립한 고등교육기관인 연세대학교, 이화여자대학교 안에 부속 도서관이 생겼고 이후 고려대학교, 성균관대학교에도 차례로 도서관이 생겼다. 해방 이후, 특히 6·25를 거치면서 도서관 설립이 중단되었다가, 전후 복구 과정에서 다시 도서관이 지어지기 시작했는데 그 수는 많지 않았다. 공공도서관으로는 국립중앙도서관 외에 두세 곳이 더 개관한 정도였다. 하지만 1945년부터 1960년대 사이에 대학들이 설립되면서, 대학도서관은 급속히 늘어났다. 대학생이 아닌, 일반 시민을 이용자로 하는 공공도서관 체계가 만들어지기 시작한 것은 1970년대에 들어와서였다. 1970년대부터 특별시와 직할시를 중심으로 공공도서관이 생겨나기 시작했고, 1980~1990년대에 시·군·구립도서관들이 줄줄이 생겨나면서 국내 공공도서관의 근간을 형성하게 된다. 그리고 2000년부터는 '기적의도서관'을 중심으로 어린이도서관이 급격히 증가했다.

중앙대학교 부속도서관
건국대학교 상허대학도서관
한양대학교 도서관
홍익대학교 도서실
경상대학교 도서실
이화여자대학교 중앙도서관   영남대학교 부속도서관
부산부립   대구부립도서관   경성부립도서관(現 남산도서관)   서울대학교 부속도서관
도서관   연세대학교(홍김로관)   인천부립도서관(現 미추홀도서관)   고려대학교 도서관   부산대학교 도서관
  군산부립도서관   경성도서관(現 서울종로도서관)   성균관대학교 도서관   **국립중앙도서관**

1900	1910	1920	1930	1940
부립도서관		선교사 설립 학교 도서관	대학도서관 + 국립중앙도서관	

〈그림1-1〉
도서관의 성장 추이

	대전한밭도서관		
	대구수성도서관		
	울산남부도서관		
	제주탐라도서관		
	인천화도진도서관		
	부산연산도서관		
	서울서대문도서관	서귀포성산도서관	
	서귀포삼매봉문예회관	대구동구도서관	
	서울강동도서관	대구남부도서관	서귀포표선도서관
	서울개포도서관	제주동녘도서관	서귀포동부도서관
	서울고덕도서관	제주제남도서관	서귀포안덕도서관
	부산사하도서관	서울송파도서관	순천기적의도서관
	울산시립도서관	부산명장도서관	제천기적의도서관
	제주우당도서관	서귀포중앙도서관	금산기적의도서관
	서울강서도서관	대구서부도서관	인천 계양 도서관
	인천중앙도서관	울산동부도서관	인천 연수 도서관
제주도립도서관	부산구포도서관	서울동작도서관	서귀포기적의도서관
전북대학교 도서관	부산서동도서관	인천북구도서관	제주기적의도서관
충남대학교 도서관	서울시립어린이도서관	대구북부도서관	인천서구도서관	청주기적의도서관
전남대학교 도서관	부산반송도서관 서울강남도서관	대구달성도서관	진해기적의도서관
강원대학교 도서관	부산구덕도서관 인천부평도서관	대구대봉도서관	부평기적의도서관
경북대학교 중앙도서관	서울정독도서관 서울도봉도서관	서울고척도서관	서귀포서부도서관
제주대학교 중앙도서관 부산부전도서관	영등포간이도서관 서울용산도서관	서울중계도서관	제주 한라도서관
경희대학교 도서관 대전시립도서관	(구) 영등포평생학습관 대구두류도서관	서울양천도서관	정읍기적의도서관
충북대학교 도서관 서강대학교 도서관 서울동대문도서관 서울마포도서관	인천주안도서관	디지털도서관

1950	1960 1970	1980 1990	2000
대학도서관 + 국립중앙도서관	특별시/광역시의 대표 시립도서관	시/군/구립도서관	기적의도서관 + 국립디지털도서관

02
서울시 도서관의 분포도와 개관 순서, 장서 수 비교

서울시의 공공도서관들이 개관한 순서를 번호로 표시해보았다.(그림2-1) 행정구역상 강남이 서울에 포함된 시기가 강북보다 늦기 때문에, 초기 도서관들은 주로 강북에 포진해 있다. 그러나 국립중앙도서관, 국회도서관 같은 대표 도서관들은 강남에 터를 닦았다. 1980년대 중반만 하더라도 서울이 17개 구(현 26개 구)로 나뉘어 있었기 때문에, 분구가 되지 않았던 지역의 경우, 도서관이 몰려 있는 곳도 있다. 그러다가 1990년대에 지방자치단체의 기반이 확립되면서 1990년대 후반과 2000년대 초에 구립도서관들이 급증한다. 전체적으로는 중심에서 외곽으로 도서관들이 나선형으로 생겨나고 있는 모양새다.

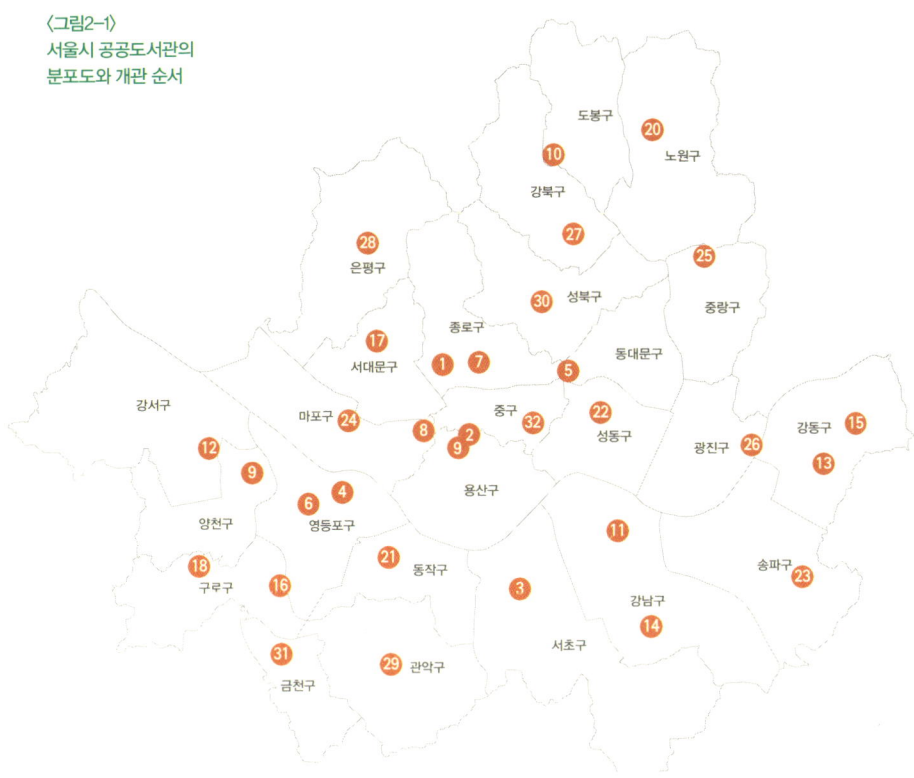

〈그림2-1〉
서울시 공공도서관의 분포도와 개관 순서

서울시의 공공도서관들과 여러 작은도서관들의 장서 수도 비교해보았다.(그림2-2) 각 도서관들은 대체로 10만~20만 권 정도의 장서를 보유하고 있고, 작은도서관이나 신생 도서관의 경우 3만 권 이하로 있는 경우도 더러 있다. 50만 권 이상의 장서를 보유한 도서관으로는 국립중앙도서관과 국회도서관, 정독도서관의 3곳이 있다. 지역적인 장서량 차이를 보완하기 위해 서울시에서는 상호대차서비스가 진행 중이다.

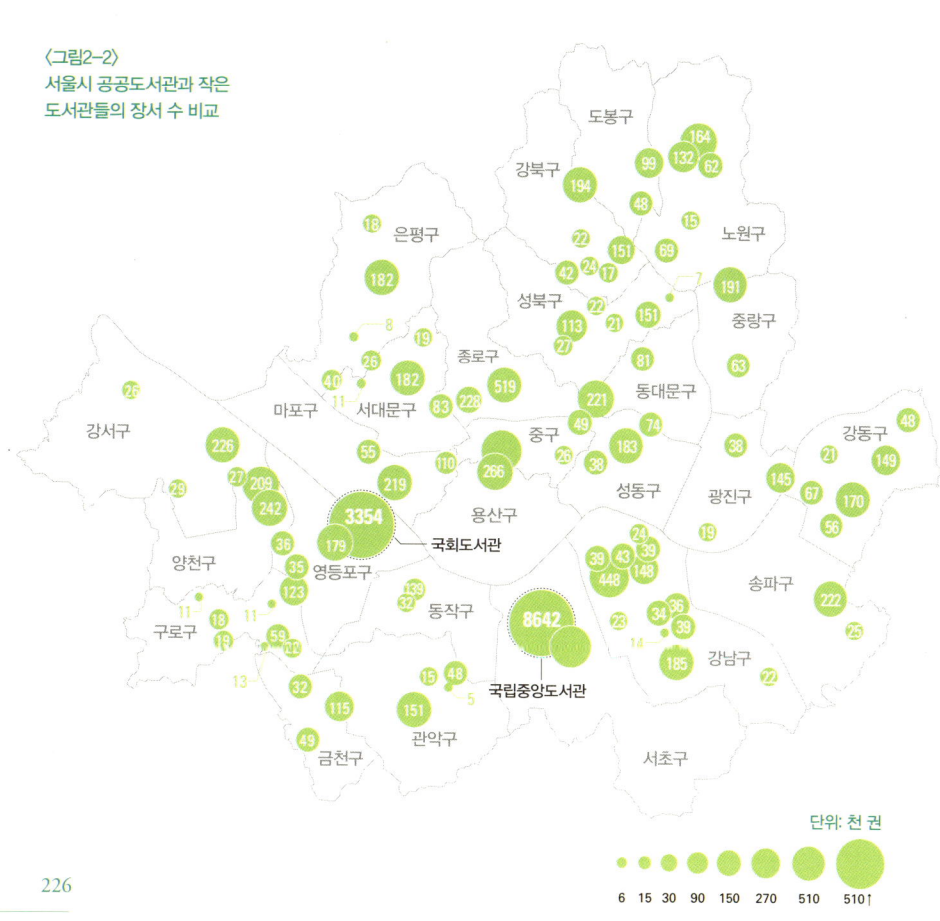

〈그림2-2〉
서울시 공공도서관과 작은 도서관들의 장서 수 비교

단위: 천 권

6 15 30 90 150 270 510 510↑

03
서울시 지하철에서 도서관까지의 거리

서울에 도서관이 집중적으로 생기는 시기는 지하철이 생기는 시기와 대략 맞물린다. 1기 지하철(1, 2, 3, 4호선)이 생겼던 1980년대와, 2기 지하철(5, 6, 7, 8호선)이 생겼던 1990년대 중반 이후는 우리나라에 공공도서관이 많이 건립된 시기이기도 하다. 그러나 지가 차이로 인해 지하철과 도서관의 입지가 결합되기는 힘들었던 것으로 보인다. 지하철 역에서 도서관까지는 평균 825미터 정도인데, 2호선 대림 역에서 근처 구로도서관까지의 거리가 평균에 가깝다. 서울의 중심에 가까울수록 역사에서 도서관까지의 거리가 가까운 편이고, 외곽으로 갈수록 멀어지는 경향이 있다. 그래도 1기 지하철보다는 2기 지하철이, 비교적 가까운 곳에 도서관이 있다. 대표적인 곳이 마포구립서강도서관과 동작도서관이다. 서강도서관은 6호선 광흥창 역에서 불과 88미터, 동작도서관은 7호선 장승백이 역에서 197미터 떨어져 있다.

지하철에서 멀리 떨어져 있는 상황을 극복하기 위해 각 도서관들은 여러 시도를 하기도 한다. 관악문화관·도서관은 지하철 2호선 서울대입구 역까지 2.39킬로미터라는 거리를 극복하기 위해 지하철 역 안에 'U-도서관'을 설치해, 미리 예약한 도서를 자동 대출, 반납할 수 있게 하였다. 광진정보도서관은 인근 광나루 역보다 유동 인구가 더 많은 강변 역에 '동네북(1호점)'을 설치해서, 책을 읽거나 빌릴 수 있도록 했다. 동네북은 광진도서관의 분관 격으로, 도서관 친구들의 자원봉사로 꾸려지고 있다.

〈그림3-1〉
각 지하철 역에서 가장 가까운 도서관들의 거리 비교

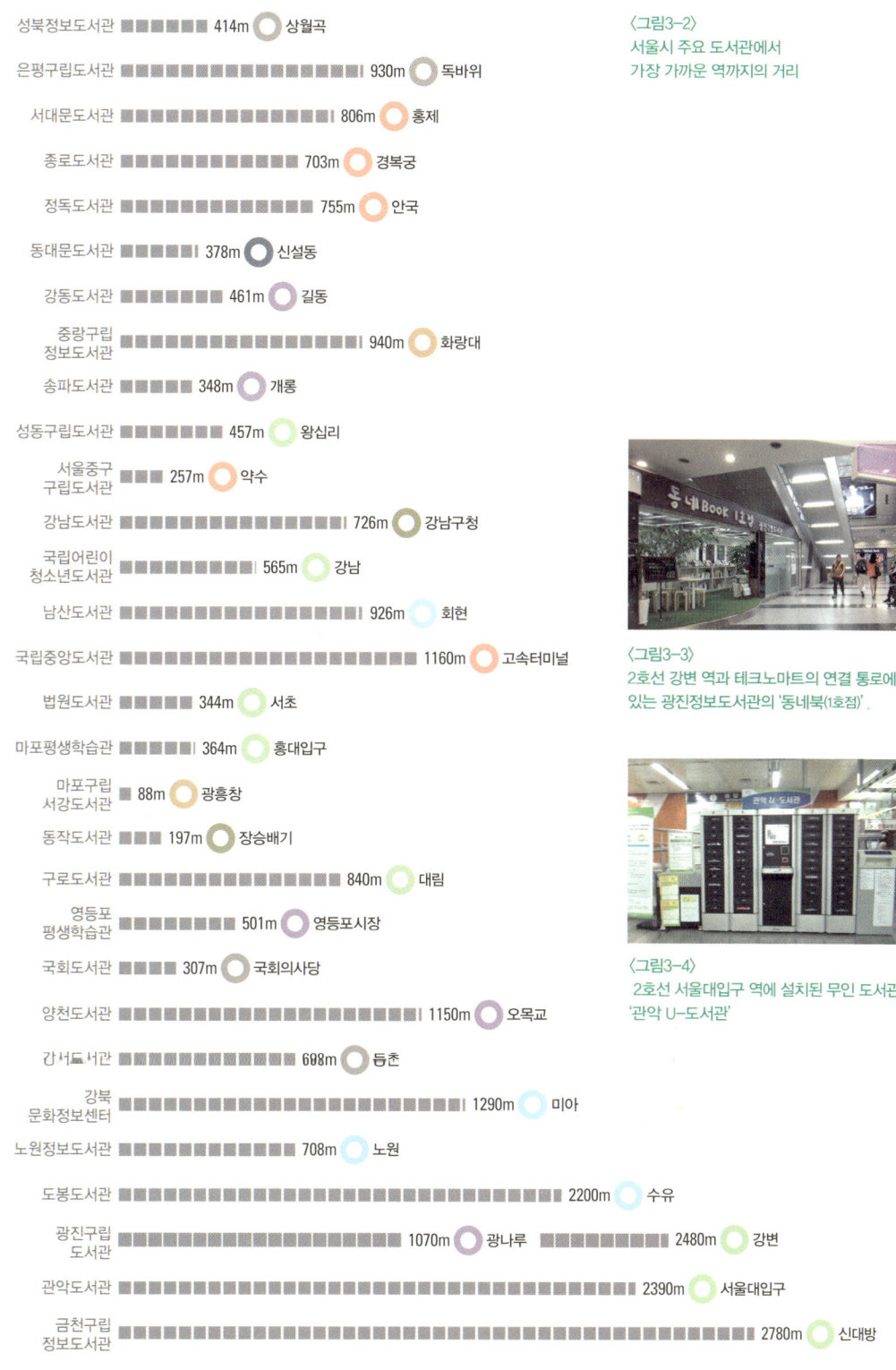

〈그림3-2〉
서울시 주요 도서관에서
가장 가까운 역까지의 거리

성북정보도서관 414m 상월곡
은평구립도서관 930m 독바위
서대문도서관 806m 홍제
종로도서관 703m 경복궁
정독도서관 755m 안국
동대문도서관 378m 신설동
강동도서관 461m 길동
중랑구립정보도서관 940m 화랑대
송파도서관 348m 개롱
성동구립도서관 457m 왕십리
서울중구구립도서관 257m 약수
강남도서관 726m 강남구청
국립어린이청소년도서관 565m 강남
남산도서관 926m 회현
국립중앙도서관 1160m 고속터미널
법원도서관 344m 서초
마포평생학습관 364m 홍대입구
마포구립서강도서관 88m 광흥창
동작도서관 197m 장승배기
구로도서관 840m 대림
영등포평생학습관 501m 영등포시장
국회도서관 307m 국회의사당
양천도서관 1150m 오목교
강서도서관 698m 등촌
강북문화정보센터 1290m 미아
노원정보도서관 708m 노원
도봉도서관 2200m 수유
광진구립도서관 1070m 광나루 2480m 강변
관악도서관 2390m 서울대입구
금천구립정보도서관 2780m 신대방

〈그림3-3〉
2호선 강변 역과 테크노마트의 연결 통로에
있는 광진정보도서관의 '동네북(1호점)'.

〈그림3-4〉
2호선 서울대입구 역에 설치된 무인 도서관
'관악 U-도서관'

04
도서관 상호대차서비스 현황:
국가상호대차서비스 '책바다'와 지역 내 상호대차서비스

상호대차서비스란 도서관 이용자가 인근 도서관에서 원하는 자료를 찾을 수 없을 때, 이곳과 협약을 맺은 다른 도서관에서 대출할 수 있도록 해주는 서비스이다. 개별 도서관이 가진 장서량의 한계를 도서관 네트워크를 통해서 극복하는 것이다. 우리나라에서는 크게 국립중앙도서관이 주관하는 국가상호대차서비스인 '책바다'와 지방자치단체가 주도하는 '지역 내 상호대차서비스'가 있다. 이 두 서비스가 이루어지고 있는 지역을 그림으로 표시해보았다. 세 그림에서 각각 책바다는 선으로, 지역 내 서비스는 색으로 표시했다. 지도에서 회색으로 표시된 지역이 지역 내 서비스가 이루어지고 있는 곳이다. 책바다의 경우, 비용을 지불해야 하는 단점은 있지만 일반 공공도서관은 물론 전문도서관, 장애인도서관, 대학도서관까지 네트워크로 포괄되어 있어 이용 가능한 장서가 많다는 장점이 있다. 반면 지역 내 상호대차서비스는 무료이며, 아직 책바다에 비해 네트워크의 주체가 적지만, 협약을 맺는 자치단체가 점점 늘어가는 추세이다. 실제 이용은 책바다보다 지역 내 서비스가 더 활성화되어 있다고 한다.

대표적으로 서울과, 15개 도서관의 통합도서서비스를 시행하고 있는 대구의 현황을 살펴보면 두 도시 모두 중심보다 외곽에서 상호대차서비스가 활발하게 이루어지고 있다. 경기도 부천은, 특별시나 광역시에 비해 규모는 작지만 상호대차서비스의 가장 좋은 사례를 보여준다. 두 개의 운송 루트가 전 지역의 도서관을 하나의 서고로 묶고 있고 시립도서관뿐 아니라 작은도서관까지 네트워크 안에 들어 있다.

〈그림4-1〉
경기도 부천시의
상호대차서비스 현황

········· 구별 상호대차네트워크
● 시립도서관
● 작은도서관 (시운영)
● 대학도서관

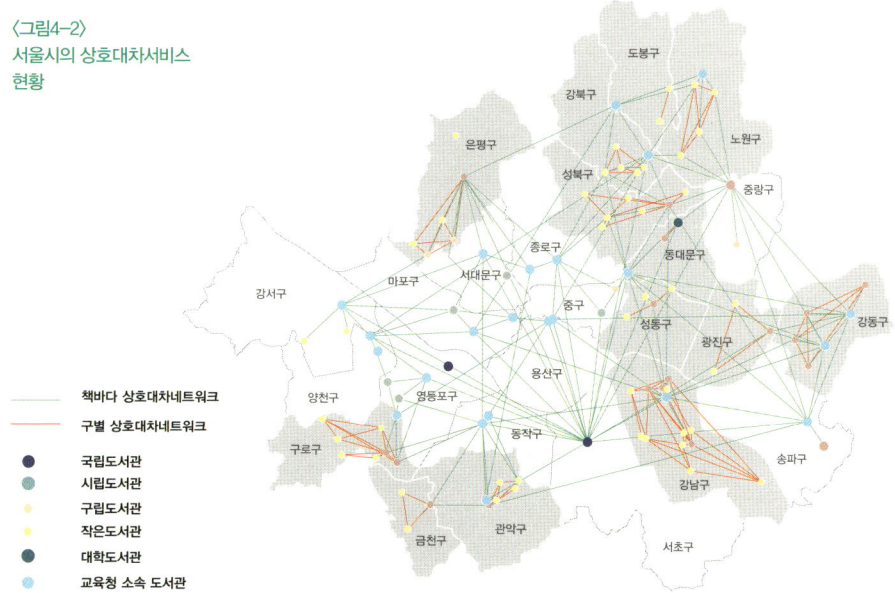

〈그림4-2〉
서울시의 상호대차서비스 현황

〈그림4-3〉
대구광역시의 상호대차서비스 현황

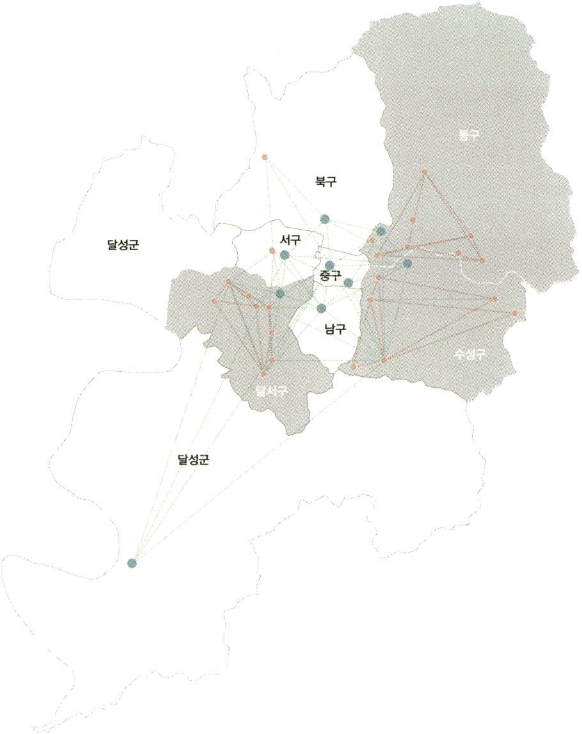

05

도서관의 입지:
서울과 전국 주요 도시 및 경기도 신도시를 중심으로

서울과 전국 주요 도시 및 몇몇 신도시에 있는 도서관의 위치를 토지이용계획도상에 표시해보았다. 토지이용계획도에서 자연녹지지역은 녹색으로 표시되는데, 그림을 보면 전국의 많은 도서관들이 자연녹지지역에 위치하고 있음을 알 수 있다. 서울의 경우는 노란색으로 표시된 주거지역(제1종, 제2종, 제3종 근린주거지역 및 준주거지역)에도 도서관이 많은데 이런 경우에도 대부분 주거지역 안의 근린 공원에 위치해 있다. 사람의 통행이 많은 일반상업지역이나 중심상업지역은 붉은색 계열로 표시되는데, 이런 지역에서는 도서관을 찾기 어렵다. 부산의 부전도서관은 예외적으로 상업지역에 있는데, 이는 도서관이 위치한 서면의 지가가 많이 오르기 전에 자리 잡았기 때문에 가능했다. 새로 도시계획이 된 신도시의 경우도 크게 다르지 않다. 최근에 조성된 신도시는 계획 단계에서부터 도서관을 필수 공공 시설로 넣고 있는데, 그 위치를 대부분 공원이 있는 녹지로 한다. 도서관처럼 이익을 창출하지 않는 공간은 주로 국·공유지에 자리 잡는데, 공원 및 녹지지역이 가장 대표적인 국·공유지이기 때문이다.

그런 점에서 오는 10월 말, 옛 서울시청사 건물에 들어서는 서울시대표도서관은, 광화문에서 바로 이어지고 지하철 2호선 시청 역에서도 연결되는, 서울에서 가장 접근성이 좋은 공간을 차지했다는 점에서 서울 시민에게 반가운 소식이다. 물론 이 훌륭한 접근성은 서울시대표도서관에는 풀어야 할 숙제가 될 수도 있다. 각종 행사와 집회의 장으로 자리 잡은 광장과 공생해야 하기 때문이다.

서울

광주

대전

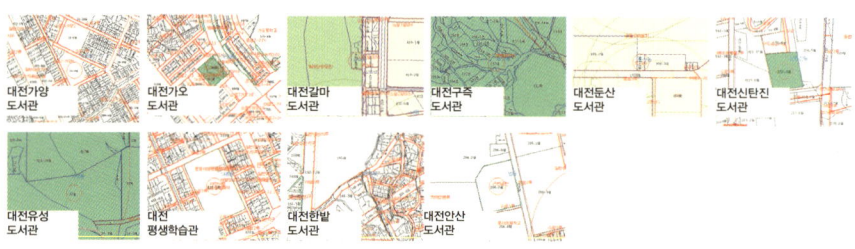

부산

울산

대구

인천

경기도의 신도시들

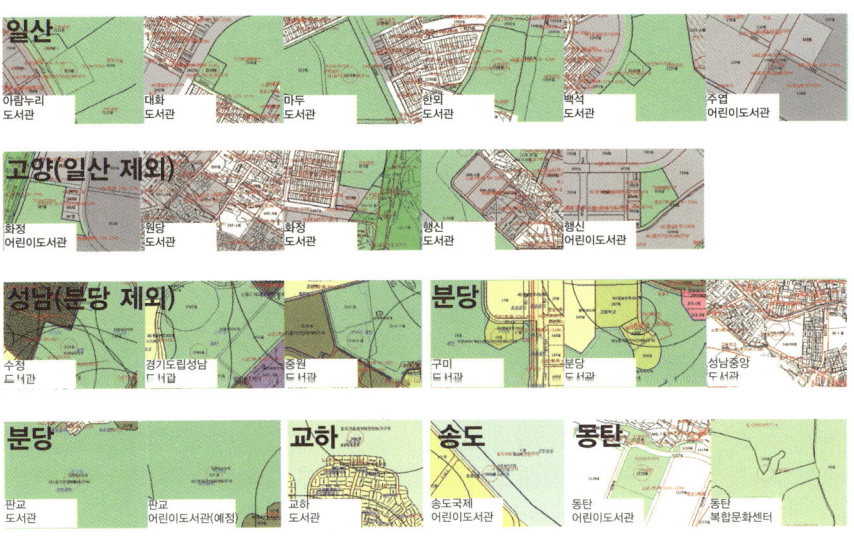

06 대학도서관의 지역 개방 현황

각 지역별로 4년제 대학교 도서관들의 일반인 개방 정도를 그림으로 표시해 보았다. 각 대학도서관의 개방 정도는 원으로, 각 대학도서관이 속한 행정구역은 지도상에 색으로 표시했다. 지도 위에 표시된 점 중, 속이 차 있는 경우가 해당 지역에 도서관을 개방하는 대학이다. 상대적으로 공공도서관 수가 많은 서울의 경우, 대학도서관의 지역 인근에 대한 개방도가 낮다. 그러나 지방으로 갈수록 대학도서관은 시민들에게 매우 개방적이다. 단순히 열람하는 것을 넘어서 관외 대출까지 허용하는 경우도 적지 않다. 특히 강원도는 한 개 대학을 제외하고는 모든 대학이 지역에 완전히 열려 있다. 대학도서관이 도서관 밀도가 낮은 지역에서 지역의 인프라 역할을 톡톡히 하고 있는 셈이다. 충청남·북도와 전라남·북도, 제주도는 절반 정도의 대학이 지역에 완전히 열려 있다. 국·공립 대학이라고 해서 지역 개방도가 더 높지는 않다. 서울 지역의 경우, 사립 대학들의 개방 정도가 높은 사례가 많다.

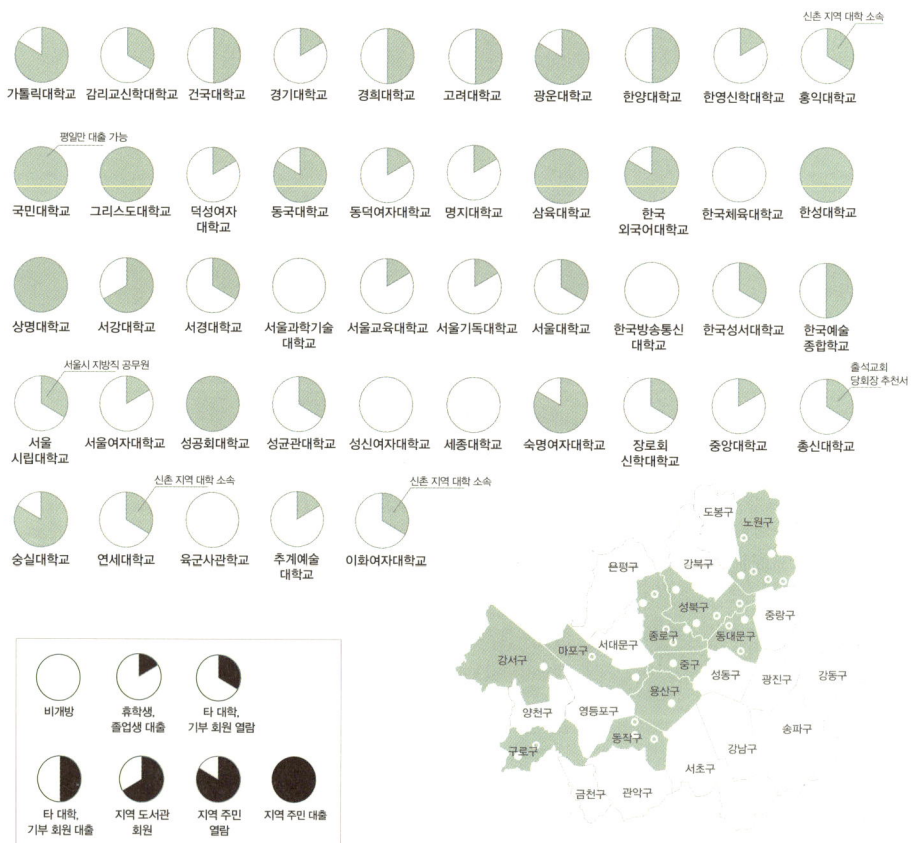

경기도

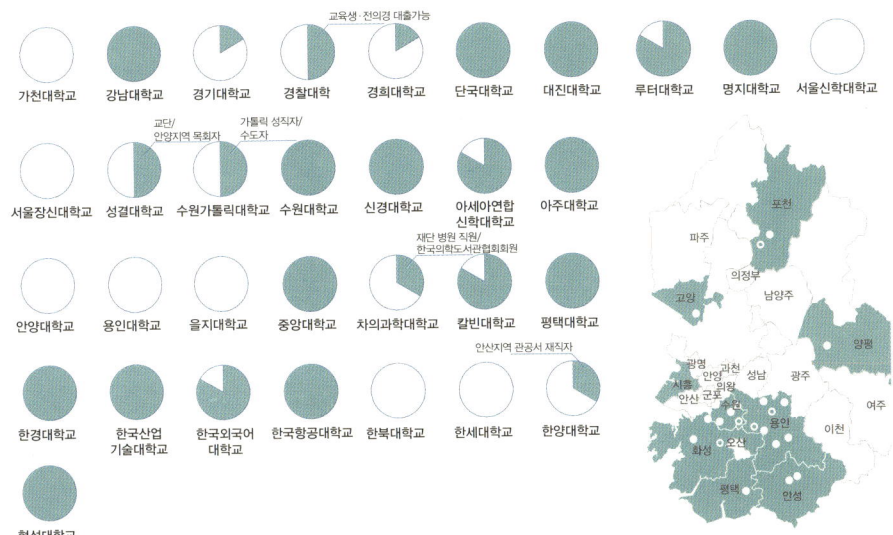

충청남·북도

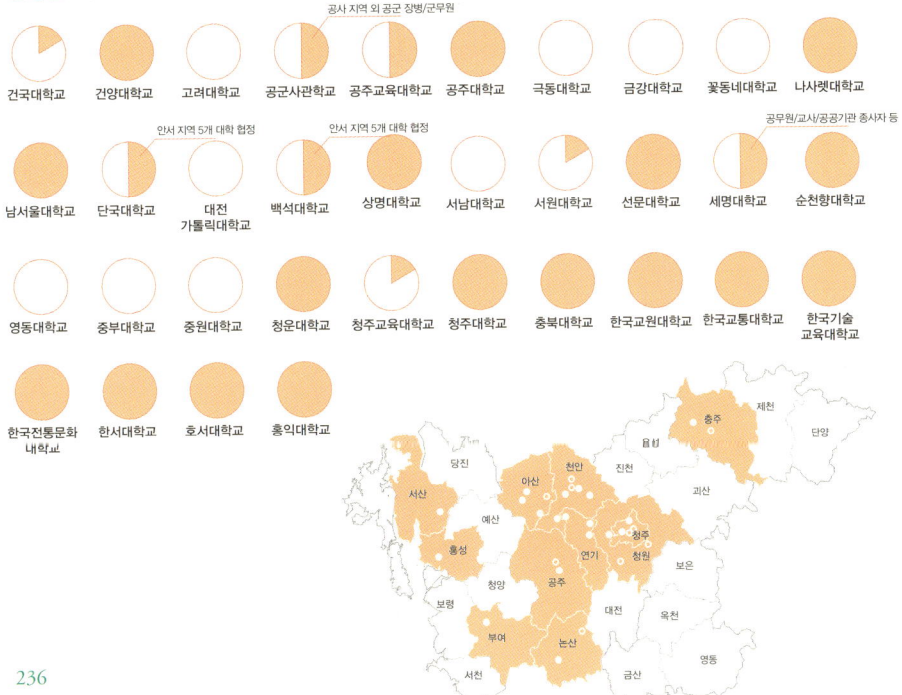

강원도

강릉원주대학교
강원대학교
경동대학교
관동대학교
상지대학교
연세대학교
춘천교육대학교
한라대학교
한림대학교
한중대학교

고성
철원
양구
화천
속초
인제
양양
춘천
홍천
강릉
평창
횡성
원주
정선
삼척
영월
태백

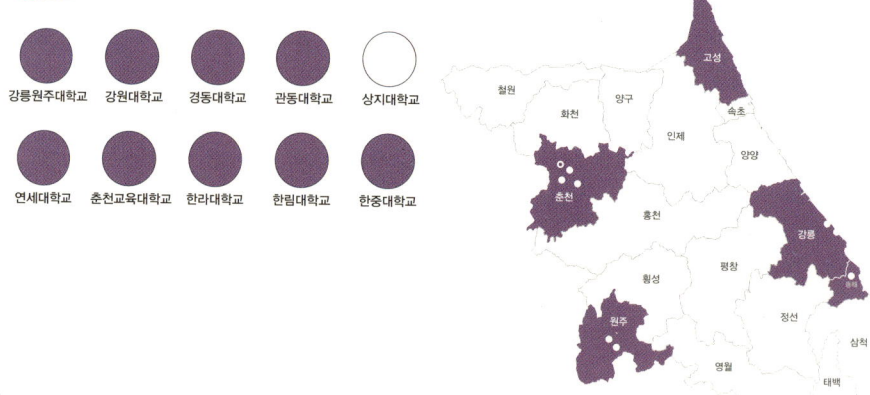

전라남 · 북도

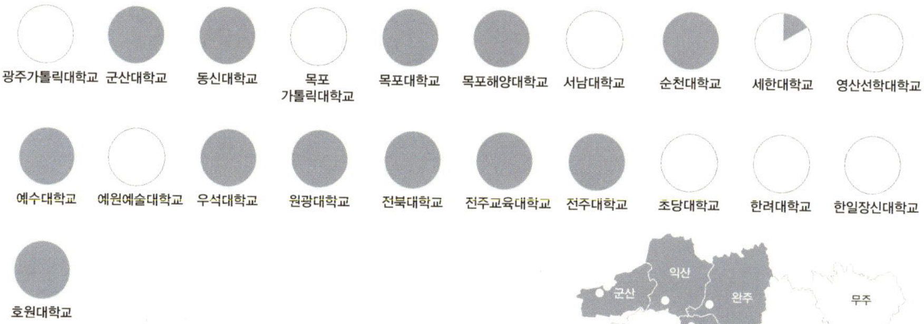

광주가톨릭대학교
군산대학교
동신대학교
목포
가톨릭대학교
목포대학교
목포해양대학교
서남대학교
순천대학교
세한대학교
영산선학대학교
예수대학교
예원예술대학교
우석대학교
원광대학교
전북대학교
전주교육대학교
전주대학교
초당대학교
한려대학교
한일장신대학교
호원대학교

익산
군산
완주
무주
김제
완주
전주
진안
부안
정읍
장수
임실
고창
순창
남원
장성
영광
담양
곡성
구례
광주
함평
광양
하순
나주
순천
무안
목포
영암
보성
여수
장흥
강진
고흥
해남

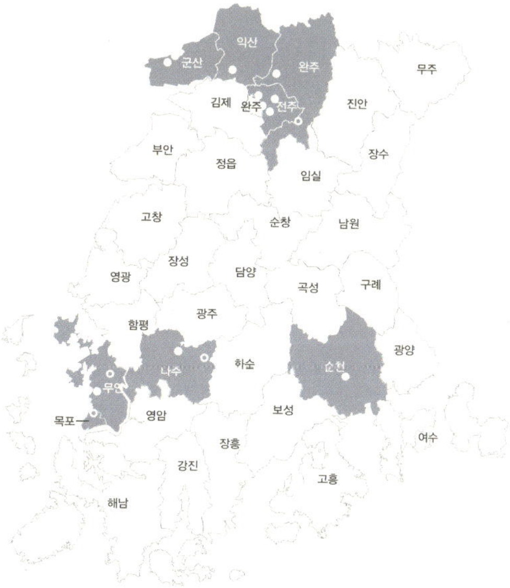

경상남·북도

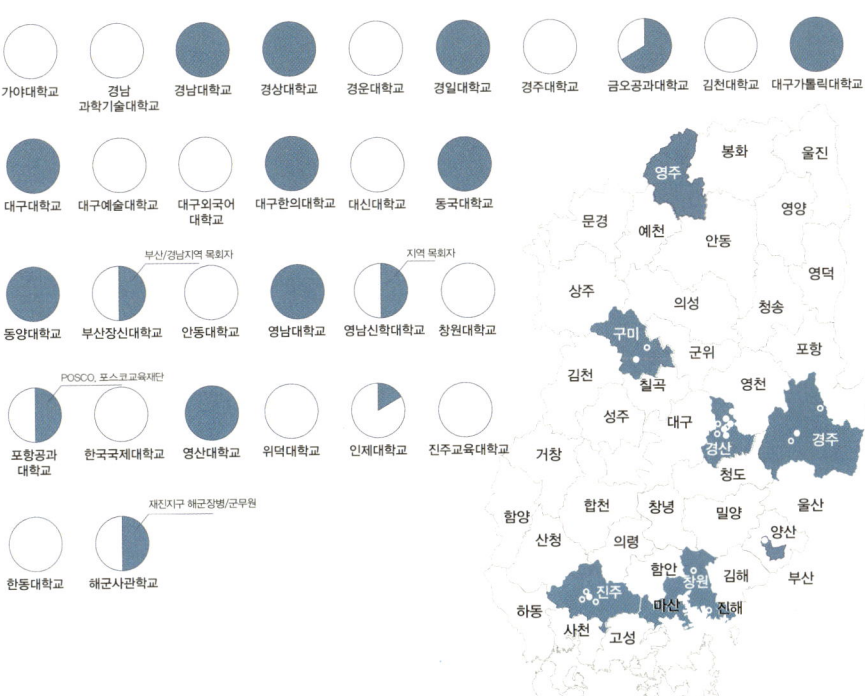

가야대학교 경남과학기술대학교 경남대학교 경상대학교 경운대학교 경일대학교 경주대학교 금오공과대학교 김천대학교 대구가톨릭대학교

대구대학교 대구예술대학교 대구외국어대학교 대구한의대학교 대신대학교 동국대학교

부산/경남지역 목회자 지역 목회자
동양대학교 부산장신대학교 안동대학교 영남대학교 영남신학대학교 창원대학교

POSCO, 포스코교육재단
포항공과대학교 한국국제대학교 영산대학교 위덕대학교 인제대학교 진주교육대학교

재진지구 해군장병/군무원
한동대학교 해군사관학교

제주도

제주대학교 제주국제대학교

238
239

07
작은도서관의 역사•

작은도서관 운동은 원래 막사이사이상을 수상한 엄대섭 씨가 '마을문고'라는 이름으로, 탄환통에 책을 담아 낙후된 지역에 도서를 공급한 것에서 시작되었다. 1961년에 시작된 마을문고 운동은 이후 새마을운동이 시작되면서 마을문고는 '새'마을문고로 이름이 바뀌어 새마을운동에 편입되었는데, 1980년대에 민주화 운동과 결합된 마을문고 운동이 벌어지면서 다시 마을문고로 부활했다. 1990년대부터는 시민운동의 성격을 띤 작은도서관 운동이 강해지면서, '생활도서관', '주민도서관' 등의 이름을 단 다양한 소규모 도서관이 설립되었다. 그러나 1997년 이후 'IMF 경제 위기'로 인해 예산 지원이 끊기면서, 많은 작은도서관이 폐관되었다. 주춤해진 작은도서관 건립 움직임을 다시 자극한 것은 TV 프로그램들이었다. 2000년대 들어와 「느낌표」, 「TV, 책을 말하다」와 같은 여러 TV 프로그램들과 도서관 단체들의 캠페인이 작은도서관 건립을 다시 활성화했다. 여러 지방자치단체에서도 이런 분위기에 호응하여 주민들의 일상생활 동선에 작은도서관을 짓기 시작했다. 지금은 방송국 외에 민간 기업에서도 지원하고 있어 작은도서관들이 속속 생겨나고 있다.

• 서울세계도서관정보대회 조직위원회, 「한국의 도서관—과거, 현재 그리고 미래」, 2006, 130~131쪽

〈그림7-1〉 도표와 그림으로 보는 작은도서관의 역사

1951 엄대섭(한국도서관협회 초대 사무국장) 장서 3000여 권으로 울산 사립 무료 도서관 설립, 운영하면서 순회 문고 (탄환상자에 책을 담아 돌려 읽기) 활동 전개

1961 마을문고보급회 26개 설립
1962 마을문고진흥회 146개
1963 마을문고진흥회 1282개

다양한 형식의 마을문고 발생

1968 마을문고 본부 1만 개
1970 마을문고 본부 2만 개
1974 마을문고 본부 3만 5011개

전국 지부 조직 완료	1978
작은도서관 증가	1980
새마을문고중앙회 설립	1982

독서진흥법 추진으로 마을문고 확산　1990

부천작은도서관과 시립도서관 간 상호대차 시행　2004

2005

다양한 작은도서관 유형 형성　2010

서울시 도서관 확충 계획 발표　2012

08
'기적의도서관'이 낳은 어린이도서관의 기적

어린이 전용 도서관의 역사는 곧 '기적의도서관'의 역사라고 해도 과언이 아니다. 1963년에 도서관법이 제정된 이후, 어린이라는 특정 대상을 위한 도서관은 2003년에 기적의도서관이 지어지기 전까지 6곳에 불과했고 그나마 서울, 경기 지역에 편중되어 있었다. 그러다 2006년 '책읽는사회만들기국민운동'과 건축가 정기용, MBC의 「느낌표」 프로그램이 힘을 합쳐 어린이 전용 도서관인 기적의도서관 짓기 프로젝트를 펼치면서, 어린이도서관에 대한 사회의 관심을 이끌어냈다. 2003년에 지어진 순천기적의도서관을 시작으로 기적의도서관은 현재 11곳이 개관했다. 기적의도서관이 뜸해지는 2006년 이후에는 지방자치단체 주도로 어린이도서관이 늘어났다. 현재 기적의도서관을 포함해 어린이 전용 도서관은 75개이며, 지금도 계속 늘고 있다. 일반 공공도서관에서도, 1990년대 중반에 '도서관 및 독서진흥법 시행령'에 '공공도서관은 어린이를 위한 열람석을 전체의 20퍼센트 이상으로 한다'는 조항이 명문화되면서 어린이 열람 공간을 만들기 시작했다. 지금은 대부분의 도서관이 어린이 열람실을 갖추고 있다.

〈그림8-1〉 어린이 전용 도서관의 역사

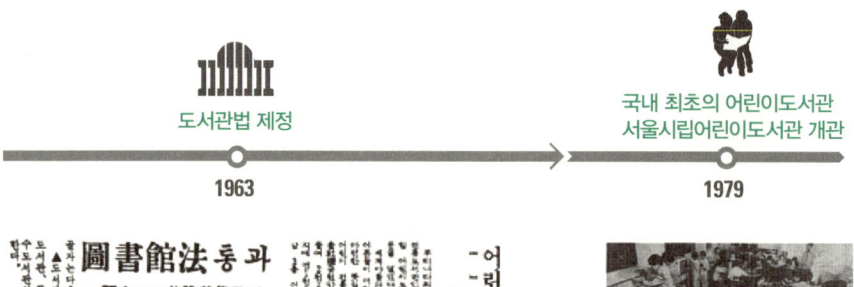

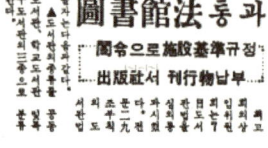

도서관 및 독서진흥법 시행령 제정

'공공도서관은 어린이를 위한 열람석을 전체의
20퍼센트 이상으로 한다.'

1994

순천기적의도서관 개관

2003

공공도서관 중 어린이도서관 비율

1% → 10%

2010

09
도서관의 인테리어

우리나라 도서관은 내부 모습이 대부분 비슷하다. 실내 모습만 보고는 어느 도서관인지 짐작하기 힘들 정도이다. 그 가장 큰 이유는 도서관의 가구와 내부 인테리어가 비슷하기 때문이다.

도서관 가구는 현재 건축 영역이 아닌 비품 영역으로 분류되고 있다. 그래서 건축 영역과 조율되면서 공간의 쓰임새에 따라 가구가 긴밀하게 연계될 수 있는 여지가 적다. 또 많은 도서관이 가구를 구입할 때 공간에 맞추기보다는 표준화된 제품을 분리, 발주하는 방식으로 구매한다. 주로 '최저 입찰' 시스템을 통해 도서관용, 혹은 사무용 가구들을 구입하는데, 이 경우 비용이 제한되어 있고 제품 종류도 다양하지 않아 실내 인테리어에 한계가 있다.

또 도서관 외장은 돌이나 유리로 마감하는 반면, 내부는 비닐계 타일로 아래, 위를 마감하는 경우가 많은 것도 도서관 실내 분위기를 비슷하게 만드는 데에 일조하는 듯하다. 도서관 건축은 주로 공공 발주(수의 계약이 아닌, 입찰을 통해 계약을 맺는 것)로 진행되고 공공 발주는 현상 설계(건축 프로젝트에 대해 제출한 제안서를 토대로 심사해서 당선자에게 설계권을 주는 방식)로 이뤄지는 경우가 많다. 그런데 현상 설계의 경우 주로 외부에 치중해서 심사하다 보니 내부보다 외부에 더 공을 들이게 되어 내부 공간을 흥미롭고 섬세하게 다룬 경우가 드물다. 이용자가 실제 이용하고 책을 읽는 공간은 외부가 아닌 내부이므로, 이 내부를 가르고 채우는 방식에 대해서도 좀 더 고민이 필요할 것 같다.

〈그림9-1〉 국내 도서관들의 실내 인테리어 사례

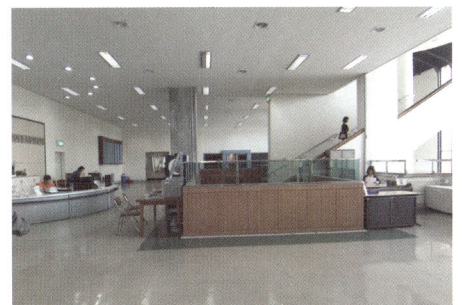
부산광역시립시민도서관

정독도서관

광진구립정보도서관

부천시립중앙도서관

부천예술정보도서관 다감

로욜라도서관

관악산시도서관

에필로그

　이 책을 준비하는 동안 우리에게는 많은 변화가 일어났다. 우리는 '도서관 친구들'의 회원이 되었고, 책읽는사회문화재단의 후원 회원이 되었다. 미얀마에 도서관 건립하는 것을 돕는 후원회에도 참여하게 되었다.

　건축가로서 하는 일에도 변화가 생겼다. 우리는 도서관 건축 공모 세 곳에 작품을 제출했다. 그중 하나인 핀란드중앙도서관 공모전의 응모 요강에는 도서관에 필요한 조건이 기술되어 있었는데 도서관에 관한 어떤 연구 보고서보다 이상적이고 구체적인 도서관의 모습을 그려내고 있었다.

　응모 요강에 나타난 도서관은 때로는 공원이나 공연장이 되었다가, 때로는 카페나 라운지도 되고 또 때로는 출판사와 인쇄소가 되기도 한다. 막 반납된 인기 있는 책들은 서고로 돌아가기 전에 로비를 지나는 사람들이 보고 다시 대출할 수 있도록 북 바(book bar)에 전시된다. 책을 통해 배운 요리를 이웃들과 함께 실습해볼 수 있도록 '공동체의 부엌'도 도서관 안에 있다. 헬싱키 시에 있는 아카데미나 대학과 연계하여 사용할 수 있는 시설이 별도로 마련되는 것 또한 기본이다. 그리고 이 모든 요구 조건을 충족하기 이전에 도서관이 들어설 도시에 관한 사회, 문화, 역사 자료들을 건축가가 충분히 숙지해야 한다. 응모 요강에서는 이렇게 만들어진 도서관은 "정신적인 자극의 원천으로 사람들을 이끄는 훌륭한 안내서이자, 매혹적인 이야기와 영감을 불러일으키는, 새로운 경험을 제공하는 장소"가 될 것이라고 말하고 있다. 그 복합적인 건축의 과제를 풀어 나가는 것은 그 자체로 도전이었다.

이 공모전에는 전 세계에서 모두 530여 개의 작품이 접수되었고 우리 작품도 현재 7개월째 심사 중이다. 하나의 도서관을 짓기 위해 수많은 작품을 설계하는 것은 건축가의 입장에서는 다소 과다한 경쟁이자 고된 일이지만 도서관을 기대하는 시민들에게는 참 행복한 기다림임이 분명하다.

공모전 결과를 기다리는 한편, 우리는 경남 창녕군 우포에 만들어질 '우포자연도서관(가칭)'을 설계하고 있다. 이 책을 쓰면서 맺은 인연으로 실제 도서관을 짓게 된 것이다. 우포자연도서관은 오래된 농가의 창고를 개조해 만들고 있는데, 완성된 뒤에는 우포늪을 찾는 사람들을 위한 생태 교육과 대안적인 삶의 공간이 될 수 있으리라 기대한다.

이 책을 쓰지 않았다면, 우리가 설계하는 우포자연도서관은 지금의 모습과 많이 달라졌을지 모른다. 핀란드중앙도서관 건축 공모에 제출했던 계획안 또한 많이 달랐을 것이다. 여기 저기 도서관을 찾아다니며 수많은 도서관 이용자와 관계자들

창고에서 도서관으로 탈바꿈 중인 우포자연도서관

을 만나 들었던 많은 이야기들, 그리고 참고했던 많은 자료들을 통해 우리는 도서관의 세계에 좀 더 깊이 들어가볼 수 있게 되었다. 도서관을 방문하고, 사람들을 만나는 것 자체가 배움의 연속이었다. 이런 조건들은 도서관을 건축이라는 물질적인 대상이 아닌 사회문화적인 실체로서 바라보도록 우리의 관점을 수정해주었다. 책을 쓰면서 얻은 배움을 통해 우리는, 건축은 물리적인 실체와 사회적인 조건들 사이의 어딘가에 존재하고, 도서관이라는 형식은 그러한 건축의 '사회성'을 담지한 대상임을 다시 한번 확인했다.

　　도서관을 바라보는 시선이 달라지고 배움이 깊어지면서, 건축가로서도 자꾸 더 욕심을 부리게 된다. 한국의 도서관 건축 분야는 공공 건축으로서의 건립 프로세스가 아직 제대로 마련되어 있지 않다. 도서관 건축의 다양성도 아직 부족한 상황이다. 우리 도서관 문화가 양적인 확충기와 질적인 성숙기를 거치고 있으므로, 앞으로 건축가들이 할 일도 적지 않다. 책은 이렇게 마무리하지만 앞으로 계속 공부해나갈 것을 다짐한다.

    미흡한 책이지만, 이 책을 통해 도서관을 드나드는 사람들이 한국의 도서관 문화를 반추해볼 수 있는 작은 기회들이 많이 만들어졌으면 하는 바람이다.

2012년 10월 6일
저자를 대표해서 이치훈 씀

도서관 산책자

두 책벌레 건축가가 함께 걷고 기록한, 책의 집 이야기

1판 1쇄 펴냄 2012년 10월 25일
1판 6쇄 펴냄 2019년 4월 11일

지은이 강예린, 이치훈
펴낸이 박상준
펴낸곳 반비

출판등록 1997. 3. 24.(제16-1444호)
(06027) 서울특별시 강남구 도산대로1길 62
대표전화 515-2000, 팩시밀리 515-2007
편집부 517-4263, 팩시밀리 514-2329

ⓒ강예린, 이치훈 2012. Printed in Seoul, Korea.

ISBN 978-89-8371-449-7 03020

반비는 민음사출판그룹의 인문 · 교양 브랜드입니다.
블로그 http://blog.naver.com/banbibooks
페이스북 http://www.facebook.com/Banbibooks
트위터 http://twitter.com/banbibooks